# Begriffe im Bereich der Qualitätssicherung

neu bearbeitet durch den
DGQ-Lenkungsausschuß
Gemeinschaftsarbeit (LAG)

Deutsche Gesellschaft für Qualität e.V.
Kurhessenstr. 95, 6000 Frankfurt am Main 50
1987

DGQ 11–04
**Begriffe im Bereich der Qualitätssicherung**

4. Auflage 1987

Hrsg.: Deutsche Gesellschaft für Qualität e.V. Ffm.
Berlin, Beuth Verlag GmbH
1987, 106 S., A 5, brosch., ISBN 3-410-32805-X

ISBN 3-410-32717-7 2. überarbeitete Auflage 1974
ISBN 3-410-32760-6 3. Auflage 1979

**Haftungsausschluß**

DGQ-Schriften sind Empfehlungen, die jedermann frei zur Anwendung stehen. Wer sie anwendet, hat für die richtige Anwendung im konkreten Fall Sorge zu tragen.

Die DGQ-Schriften berücksichtigen den zum Zeitpunkt der jeweiligen Ausgabe herrschenden Stand der Technik. Durch das Anwenden der DGQ-Empfehlungen entzieht sich niemand der Verantwortung für sein eigenes Handeln. Jeder handelt insoweit auf eigene Gefahr. Eine Haftung der DGQ und derjenigen, die an DGQ-Empfehlungen beteiligt sind, ist ausgeschlossen.

Jeder wird gebeten, wenn er bei der Anwendung der DGQ-Empfehlungen auf Unrichtigkeiten oder die Möglichkeit einer unrichtigen Auslegung stößt, dies der DGQ umgehend mitzuteilen, damit etwaige Fehler beseitigt werden können.

**CIP-Kurztitelaufnahme der Deutschen Bibliothek**

**Begriffe im Bereich der Qualitätssicherung /**
bearb. durch d. DGQ-Lenkungsausschuss Gemeinschaftsarbeit (LAG). Dt. Ges. für Qualität e.V. – 4. Aufl.
– Berlin : Beuth, 1987.
(DGQ-Schrift ; Nr. 11,04)
Bis 3. Aufl. u.d.T.: Begriffe und Formelzeichen im Bereich der Qualitätssicherung
ISBN 3-410-32805-X

NE: Deutsche Gesellschaft für Qualität / Lenkungsausschuss Gemeinschaftsarbeit; Deutsche Gesellschaft für Qualität: DGQ

# Vorwort zur 4. Auflage

Für die Entwicklung und den Fortschritt eines Wissensgebietes hat die Fachsprache eine überragende Rolle. So hat sich bereits vor mehr als 20 Jahren die Deutsche Arbeitsgemeinschaft für Statistische Qualitätskontrolle (ASQ) beim AWF, und dort insbesondere die Arbeitsgruppe 11, mit der Erarbeitung von Begriffen für den Bereich der Qualitätssicherung beschäftigt. Die 1. Auflage der Schrift Nr. 4, wie sie damals noch hieß, datiert aus dem Jahr 1968. Sechs Jahre später legte die Arbeitsgruppe 11 „Begriffsbestimmungen“ – nun als ein Gremium der Deutschen Gesellschaft für Qualität – die 2. Auflage einer DGQ-Schrift 4 vor. Diese war nun gegenüber der 1. Auflage erweitert worden, „um nicht nur für die Qualitätsprüfung, sondern für den gesamten Bereich der Qualitätssicherung einheitliche Begriffe zur Verfügung zu stellen“. Auch in dieser Auflage wurde die bewährte Gliederung in drei Hauptabschnitte

- Allgemeine Begriffe
- Statistische Begriffe
- Begriffe zur Qualitätsprüfung und Qualitätslenkung

beibehalten.

Die 3. Auflage erfolgte 1979 als DGQ-Schrift 11-04. Sie war dem derzeitigen Stand der nationalen und internationalen Entwicklung und Normung angepaßt worden. Gegenüber der 2. Auflage war die 3. Auflage stark an Umfang angewachsen. Dennoch sollte sie nach wie vor für den Praktiker ein übersichtliches Begriffshandbuch bleiben. Die Ergebnisse der Gemeinschaftsarbeit zwischen DIN und DGQ im DIN/DGQ-Ausschuß für Qualitätssicherung und angewandte Statistik (AQS) auf dem Gebiet der Begriffe wurden eingearbeitet. Es lagen damals die Vorlagen und Entwürfe zum Normvorhaben DIN 55350 sowie die Norm DIN 55350 Teil 12 vor.

Im ersten Halbjahr 1987 wurden bedeutsame Normungsvorhaben abgeschlossen. Zu nennen ist hier in erster Linie die Herausgabe der DIN 55350 Teil 11 im Mai 1987, in der die Grundbegriffe der Qualitätssicherung festgelegt sind.

Wie in allen zurückliegenden Ausgaben hat man auch hier eine Übereinstimmung mit internationalen Normen, wie der ISO 8402-1986, angestrebt. Das zweite wichtige Normungsvorhaben wurde ebenfalls im Mai 1987 durch Erscheinen des internationalen Regelwerks über Qualitätssicherungssysteme, DIN ISO 9000, 9001, 9002, 9003 und 9004, abgeschlossen. Gerade hier wurden bei der Übersetzung der englischsprachigen Ausgabe ins Deutsche die in DIN 55350, Teil 11, erarbeiteten und festgelegten Begriffe in höchst effizienter Weise eingesetzt.

Eine 4. Auflage der DGQ-Schrift 11-04 war daher unter Berücksichtigung der vorliegenden Normen neu zu erarbeiten. Da die DGQ-Arbeitsgruppe 11, der diese Aufgabe zugefallen wäre, nahezu identisch in der Besetzung mit dem für Begriffe zuständigen Gremium im DIN/AQS gewesen wäre, hat, um Doppelarbeit zu vermeiden, der Lenkungsausschuß Gemeinschaftsarbeit (LAG) darauf verzichtet, diese Arbeitsgruppe zu reaktivieren. Er hat sich vielmehr unter Federführung von Herrn Prof. Dr.-Ing. W. Geiger selbst dieser Aufgabe angenommen.

Die DGQ spricht den Mitgliedern des LAG und insbesondere Herrn Prof. Geiger für das Gelingen dieser umfangreichen und sehr komplexen Aufgabe ihren herzlichen Dank aus und wünscht dieser Schrift die gleiche weite Verbreitung im deutschen Sprachraum, wie sie den Vorgängerinnen beschieden war.

Frankfurt am Main, im Mai 1987
Deutsche Gesellschaft für Qualität e.V.
Dr.-Ing. W. Hansen
Vorsitzender

# Erläuterungen zur 4. Auflage

Mit der Herausgabe der 4. Auflage dieser Schrift kann die DGQ auf 25 Jahre Arbeit an der Fachsprache der Qualitätssicherung zurückblicken. Dies sei Anlaß, anhand des eingefügten Bildes einige bedeutsame Ereignisse im Verlauf der Entwicklung von sieben Fassungen anzusprechen. Gleichzeitig werden damit Kenngrößen dieser 4. Auflage deutlicher. Der Trend zu immer größeren Wachstumsraten scheint gebrochen. Trotz einer bisher zwischen zwei Auflagen nie erlebten, vielfachen Zunahme inzwischen genormter einschlägiger Begriffe ist die Zuwachsrate bei der 4. Auflage nicht einmal halb so groß wie die bei der 3. Auflage. Dies beweist auch die Systematisierung und damit Rationalisierung der Begriffssysteme in einer Weise, daß noch nicht einmal zwei Drittel des Umfangs erreicht sind, den die 5. Auflage 1981 des EOQC-Glossary aufweist (siehe Literatur). Darüber hinaus ist es durch eine neue redaktionelle Gestaltung des Begriffsteils gelungen, den Gesamtumfang der Schrift gegenüber der 3. Auflage sogar um etwa 5 Prozent zu verkleinern.

Auch die Schwerpunkte der Schrift haben sich verschoben. Erstmals sind keine Formelzeichen enthalten, diese sollen in einer gesonderten DGQ-Schrift zusammengefaßt werden. Interessant ist die Verschiebung innerhalb der drei Begriffs-Hauptabschnitte: In der 1. Auflage hatten die statistischen Begriffe noch die Hälfte beansprucht. In der 4. Auflage sind es weniger als ein Viertel. Demgegenüber hat sich der Anteil der allgemeinen Begriffe (Hauptabschnitt 1) verdoppelt. Ihre Anzahl ist inzwischen über fünfmal so groß wie vor 19 Jahren. Entsprechendes gilt für die Begriffe zur Qualitätsprüfung und zur Qualitätslenkung.

Die jetzt zum „Arbeitsjubiläum" erscheinende 4. Auflage hat noch weitere Besonderheiten: Bei allen vorausgehenden Entwürfen und Auflagen war abzusehen, daß sich in Kürze wesentliche Änderungen einstellen würden. Das Gesamtgebiet Qualitätssicherung war noch sehr im Fluß. Jetzt sind die Grundbegriffe und die daraus abgeleiteten Sach- und Funktionalbegriffe der Qualitätssicherung mit wenigen Ausnahmen in Normen festgelegt. Sie werden voraussichtlich mindestens 5 Jahre gelten. Deren Verabschiedung abzuwarten, war ein wesentlicher Grund für den bisher größten Zeitabstand zur vorausgehenden Auflage von fast 8 Jahren. Noch bei der 3. Auflage 1979 gab es nur eine einzige Vornorm mit 18 merkmalsbezogenen Begriffen. Heute sind in der Normenreihe DIN 55350 bereits 336 Begriffe fest genormt. Lediglich 78 zusätzliche sind zunächst nur in Form eines Normentwurfs vorhanden (nämlich in den Teilen 12 und 16 dieser Normenreihe).

Zu den Verknüpfungen mit den genormten Begriffen und zu den ganz wenigen Abweichungen findet der Leser Einzelheiten im Anhang. Die Benutzbarkeit der Schrift anhand des Sachwortverzeichnisses wurde wesentlich weiter entwickelt als in allen bisherigen Auflagen. Der interessierte Leser findet anhand von 820 Sachwörtern Zugang zum Inhalt der Schrift.

Anzahl und Inhalt der jeweiligen Anmerkungen zu den Begriffen sind immer wieder Diskussionsgegenstand. Man sollte akzeptieren, daß jede Lösung immer nur ein

Kompromiß sein kann zwischen denen, die lieber ein Lehrbuch hätten, und denen, die mit den Definitionen allein auskommen wollen.

Zweck dieser DGQ-Schrift ist ihre satzungsgemäße Verwendung als praktikables Werkzeug für die Vereinheitlichung der Fachsprache der Qualitätssicherung in Übereinstimmung mit den zugehörigen Normungsgrundlagen, und zwar nicht nur in der gesamten DGQ-Ausbildung, im Schriftenwesen der Gesellschaft und in ihrem Organ „Qualität und Zuverlässigkeit", sondern auch weit darüber hinaus bei jeglicher Qualitätssicherung, wo immer sie betrieben wird und Arbeitsergebnisse der Gesellschaft eingesetzt werden.

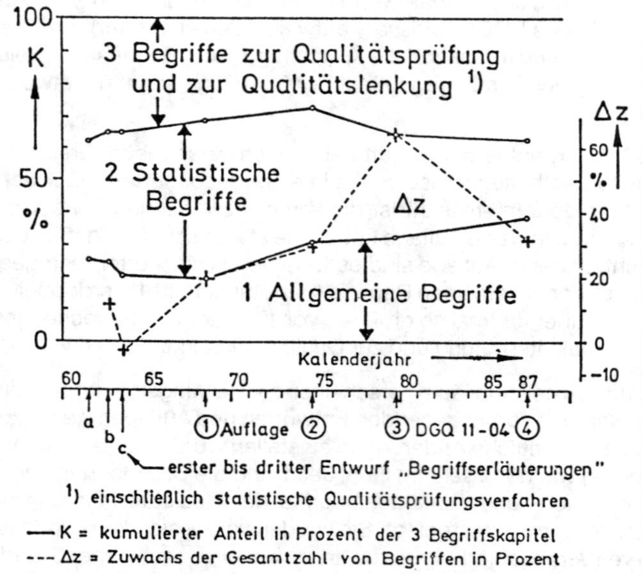


Übersicht über 25 Jahre DGQ-Begriffsarbeit

# Inhalt

## Hinweise

Die Gliederung in 3 Hauptabschnitte ist aus der 3. Auflage übernommen worden. Die Anzahl der behandelten Begriffe hat sich leicht vermehrt. Zahlreiche soeben erschienene oder demnächst erscheinende DIN-Normen und Normentwürfe zur Qualitätssicherung und Statistik sind berücksichtigt. Darüber hinaus beachtet diese Schrift auch ihre Aufgabe im Vorfeld der Normung. Diese Aufgabe betrifft derzeit vor allem die Harmonisierung der Normungsergebnisse.

Für die Inhaltsgliederung gilt nach wie vor: Eine sinnlogische Abfolge der behandelten Begriffe ist eindeutig nicht wählbar. Es wird im wesentlichen die dazu in der Normung entwickelte Auffassung angewendet. Die hierarchische Gliederung durch Dezimalnumerierung geht maximal bis zur vierten Stelle.

## 1. Allgemeine Begriffe

## 2 Statistische Begriffe

# 3 Begriffe zur Qualitätsprüfung und Qualitätslenkung

3.1 Prüfmerkmal
3.1.1 Prüfplanung
3.1.2 Prüfplan
3.1.2.1 Prüfspezifikation
3.1.2.2 Prüfanweisung
3.1.2.3 Prüfablaufplan
3.1.3 Eingangsprüfung
3.1.4 Entwurfsprüfung
3.1.5 Qualifikationsprüfung
3.1.5.1 Typprüfung
3.1.5.2 Bauartprüfung
3.1.6 Zwischenprüfung
3.1.6.1 Ablaufprüfung
3.1.6.2 Prozeßprüfung
3.1.6.3 Fertigungsprüfung
3.1.6.4 Selbstprüfung
3.1.6.5 Laufprüfung
3.1.7 Endprüfung
3.1.8 Musterprüfung
3.1.9 Annahmeprüfung
3.1.9.1 Ablieferungsprüfung
3.1.9.2 Abnahmeprüfung
3.1.10 100%-Prüfung
3.1.10.1 Sortierprüfung
3.1.10.2 Sonderfreigabe
3.1.11 Vollständige Qualitätsprüfung
3.1.12 Erstprüfung
3.1.13 Wiederholungsprüfung
3.1.14 Wiederkehrende Prüfung
3.1.15 Statistische Qualitätsprüfung
3.1.15.1 Annahmestichprobenprüfung
3.1.15.2 Attributprüfung
3.1.15.3 Variablenprüfung
3.1.15.4 Einfach-Stichprobenprüfung
3.1.15.5 Doppel-Stichprobenprüfung
3.1.15.6 Mehrfach-Stichprobenprüfung
3.1.15.7 Sequentielle Stichprobenprüfung
3.2 Stichprobensystem
3.2.1 Stichprobenplan
3.2.1.1 Stichprobenanweisung
3.2.2 Prüfschärfe
3.2.2.1 Trennvermögen
3.2.2.2 Bewertungsschärfe
3.2.2.3 Normale Prüfung
3.2.2.4 Verschärfte Prüfung
3.2.2.5 Reduzierte Prüfung
3.2.3 Qualitätslage
3.2.3.1 Mittlere Qualitätslage
3.2.4 Operationscharakteristik
3.2.4.1 Annahmewahrscheinlichkeit
3.2.4.2 Rückweisewahrscheinlichkeit
3.2.4.3 Annehmbare Qualitätsgrenzlage
3.2.4.4 Rückzuweisende Qualitätsgrenzlage
3.2.4.5 Lieferantenrisiko
3.2.4.6 Abnehmerrisiko
3.2.4.7 Durchschlupf
3.2.4.8 Maximaler Durchschlupf
3.3 Annahme
3.3.1 Annahmezahl
3.3.2 Qualitätszahl
3.3.3 Annahmefaktor
3.3.4 Qualitätsfaktor
3.3.5 Rückweisung
3.3.5.1 Rückweisezahl
3.3.6 Qualitätskennzahl
3.3.7 Korrekturmaßnahme
3.4 Grafische Hilfsmittel
3.4.1 Qualitätsregelkarte
3.4.1.1 Warngrenze
3.4.1.2 Eingriffsgrenze
3.4.2 Wahrscheinlichkeitsnetz
3.5 Genauigkeit
3.5.1 Richtigkeit
3.5.2 Präzision
3.5.2.1 Wiederholpräzision
3.5.2.2 Vergleichpräzision
3.5.3 Meßabweichung
3.5.3.1 Systematische Meßabweichung
3.5.3.2 Zufällige Meßabweichung
3.5.3.3 Wahrer Wert
3.5.3.4 Richtiger Wert
3.5.4 Meßunsicherheit

## 4 Anhang



## 5 Literatur

## 6 Alphabetisches Sachwortverzeichnis zum Begriffsteil

# Vorbemerkung zur Benutzung der Begriffs-Zusammenstellung

Die Zusammenstellung hat gegenüber der 3. Auflage eine neue redaktionelle Anordnung erhalten. Deren Zweck ist es, für einen günstigen Preis ein Optimum an Information zur Verfügung zu stellen. Die Anordnung entspricht derjenigen in neuesten vorhandenen DGQ-Schriften, z.B. „Qualität und Haftung", 3. Auflage 1986. Sie soll künftig auch als Vorbild für Abschnitte über Begriffe in neuen DGQ-Schriften dienen.

Die Anordnung ist – soweit möglich – sachlogisch aufgebaut. Hinzu kommen Gesichtspunkte der Zweckmäßigkeit. Nur mit den wechselseitigen Verweisen auf einbezogene Begriffsinhalte lassen sich die Definitionen kurz halten. Die Nummern in Klammern bedeuten solche Verweise. Nicht überall sind sie angewandt. Dadurch soll vermieden werden, daß die Übersichtlichkeit unter den Verweisen leidet. Man kann beim Lesen die Verweise natürlich auch überspringen. Ggf. hilft das Sachwortverzeichnis weiter.

Die hinter der Benennung in Klammern angegebene äquivalente englische Benennung soll bei Übersetzungen behilflich sein. Die Anmerkungen dienen dem schnelleren Verständnis der Begriffsinhalte sowie dem Erkennen von Zusammenhängen.

# 1 Allgemeine Begriffe

## 1.1 Einheit (item)

Materieller oder immaterieller Gegenstand der Betrachtung.

**Anmerkung 1:** Bei *Qualitätsbetrachtungen* können Einheiten sein:

- Ergebnisse von Tätigkeiten und Prozessen:
  - *Materielle Produkte* (tangible products)
  - *Immaterielle Produkte* (intangible products), z.B. eine *Dienstleistung*, ein DV-Programm, ein Konstruktionsentwurf, eine Gebrauchsanweisung;
  - Kombinationen aus materiellen und immateriellen Produkten, z.B. ein Datenverarbeitungssystem mit Hardware und Software.
- Die *Tätigkeiten* oder *Prozesse* selbst, z.B. das Erbringen einer Dienstleistung, ein maschineller Arbeitsablauf (Prozeß), ein Verfahren; und auch jede Tätigkeit im Rahmen der Qualitätssicherung.

Tätigkeiten oder Prozesse können zwar „immaterielle Gegenstände der Betrachtung" sein, sie sind aber nicht immaterielle Produkte.

**Anmerkung 2:** Die Abgrenzung der Einheit hängt von der Aufgabenstellung ab. Eine Zusammenstellung von Einheiten kann wiederum eine Einheit sein, beispielsweise Kugel – Kugelkäfig – Kugellager. Entsprechend ergeben sich bei Unterteilung einer Einheit wiederum Einheiten, beispielsweise Gesamtfertigung – Prüflos – Stichprobe – Prüfstück.

**Anmerkung 3:** „Einheit" wird auch in speziellem, in übertragenem oder in eingeschränktem Sinn verwendet. Beispiele dafür sind *Einheiten einer Organisation, Einheiten im Meßwesen* nach DIN 1301 Teil 1 und DIN 1313, der Normungsgegenstand nach DIN 820 Teil 3, schließlich Einheiten nach DIN 40150 (Elektrotechnik), die zum Festlegen von Betrachtungsebenen dienen, wobei diesen ein Ordnungsschema zugeordnet werden kann.

## 1.2 Beschaffenheit

Gesamtheit der Merkmale (1.9) und Merkmalswerte (1.9.4) einer Einheit (1.1).

**Anmerkung 1:** Der Begriff umfaßt äußere und innere Beschaffenheit, außerdem alle Funktionseigenschaften. Infolge der inhaltlich erweiterten Merkmalsdefinition (1.9) sind auch die *artbestimmenden Eigenschaften* enthalten (siehe dort).

**Anmerkung 2:** Der Beschaffenheitsbegriff und seine Unterbegriffe Zustand und Ereignis haben auch weit über Wirtschaft, Technik, Wissenschaft und Verwaltung hinaus Bedeutung. Nur für diese Bereiche, denen nach DIN 820 Teil 1 die Normung dient, gilt die obige Definition.

### 1.2.1 Zustand

Beschaffenheit im Augenblick der Betrachtung der Einheit (1.1).

### 1.2.2 Ereignis

Übergang von einem in einen anderen Zustand (1.2.1).

## 1.3 Anspruchsniveau (grade)

Rangindikator für unterschiedliche Qualitätsforderungen (1.4) an Einheiten (1.1), die dem gleichen Zweck dienen.

**Anmerkung 1:** Das Anspruchsniveau ist ein Ordinalmerkmal (1.9.2.1). Je größer der geplante und/oder anerkannte Unterschied im Anspruchsniveau ist, um so größer ist – trotz gleichen Zwecks der Einheit – der Unterschied in der Qualitätsforderung. Es wirkt sich in der Regel besonders auf die Kosten bei der Erstellung der Einheit und damit auf ihren Preis aus.

**Anmerkung 2:** Auf jedem Anspruchsniveau ist, unter Beachtung der deshalb unterschiedlichen Qualitätsforderungen, zufriedenstellende und nicht zufriedenstellende Qualität möglich, z.B. ein Luxushotel mit schlechtem Service, ein Landgasthaus mit guter Bedienung.

**Anmerkung 3:** Werden Anspruchsniveaus mit Zahlen gekennzeichnet, so wird für das höchste im allgemeinen „1" verwendet, für die darunter „2", „3" usw. Besteht die Kennzeichnung in Punkten oder Sternen, hat das niedrigste Anspruchsniveau die kleinste Anzahl davon.

## 1.4 Qualitätsforderung (quality requirement)

Gesamtheit der betrachteten Einzelforderungen an die Beschaffenheit (1.2) einer Einheit (1.1) in der betrachteten Konkretisierungsstufe der Einzelforderungen.

**Anmerkung 1:** Die DIN-Definition 1987 lautet: „Die festgelegten und vorausgesetzten Erfordernisse". Die vollständige Definition steht in der Anmerkung 1 der Norm. Diese beginnt: „Die Qualitätsforderung ist damit die Gesamtheit der betrachteten Einzelforderungen an die Beschaffenheit einer Einheit in der betrachteten Konkretisierungsstufe der Einzelforderungen".

**Anmerkung 2:** Die „festgelegten und vorausgesetzten *Erfordernisse*" sind vielfach mißverständlich. Mit der obigen, im Bereich der DGQ benutzten vollständigen Definition wird u.a. vermieden, daß – vor allem bei der Benutzung der genormten Definition für Qualität (1.5) – fälschlich der Eindruck entsteht,

- es könnten auch andere *Erfordernisse* als die auf die Beschaffenheit bezogenen gemeint sein (z.B. die an den Liefertermin oder den Preis);
- es gebe zeitabhängig oder sachbezogen zwei Arten von *Erfordernissen* oder Einzelforderungen, z.B. vorausgesetzte und festgelegte;
- *Erfordernisse* seien etwas weniger Verbindliches als Forderungen.

**Anmerkung 3:** *Erste Konkretisierungsstufe* sind die durch den Zweck der Einheit aufgrund des Anspruchsniveaus (1.3) und aufgrund der Vorstellungen über die Realisierungsmöglichkeiten gegebenen Erfordernisse. Während der Qualitätsplanung (1.5.6.5) entstehen weitere Konkretisierungsstufen. *Letzte Konkretisierungsstufe* ist nach dem (ersten) Abschluß der Qualitätsplanung die Gesamtheit der für die Realisierung der Einheit vorgegebenen Merkmalswerte (1.9.5) der Einheit.

**Anmerkung 4:** In verschiedenen Konkretisierungsstufen sind die Anteile der festgelegten und der vorausgesetzten *Einzelforderungen* unterschiedlich.

**Anmerkung 5:** Der Zweck der Einheit kann sich aus der Aufgabenstellung eines Abnehmers ergeben, jedoch auch Entwicklungsergebnis eines Anbieters auf dem Markt sein. Meist ist schon die Formulierung der durch den Zweck der Einheit gegebenen Erfordernisse mit Angaben über Merkmalswerte verbunden.

**Anmerkung 6:** Die Qualitätsforderung schließt, gegebenenfalls, folgende Merkmalsgruppen ein: Sicherheit, Zuverlässigkeit (einschließlich Verfügbarkeit), Instandhaltbarkeit, Umweltverträglichkeit, angemessenen Mitteleinsatz, bei materiellen Produkten ggf. ihren Verbleib nach dem Nutzungsende.

**Anmerkung 7:** Bei Produkten sind auch die jeweiligen Qualitätsforderungen an die Tätigkeiten und Prozesse zu beachten, deren Ergebnisse Qualitätselemente (1.5.3) für das Produkt werden. Deshalb darf während der Betrachtung einer Qualitätsforderung die Einheit, auf deren Beschaffenheit sie sich bezieht, nicht gewechselt werden, z.B. das materielle oder immaterielle Endprodukt einer Organisation, oder eine Tätigkeit, oder ein Prozeß.

**Anmerkung 8:** In welcher Konkretisierungsstufe die Qualitätsforderung im Fall eines Auftrages vorliegt, ergibt sich aus diesem. Die letzte Konkretisierungsstufe muß verwirklicht sein, bevor die Realisierung der Einheit beginnt. Im Zweifel sind alle Konkretisierungsstufen der Qualitätsforderung ab Auftragseingang in die Qualitätsbetrachtung einbezogen. Das gilt auch für Qualitätskostenbetrachtungen.

### 1.4.1 Qualifikation

Nachgewiesene Erfüllung der Qualitätsforderung.

**Anmerkung 1:** Die Qualifikation kann sich auf das Ergebnis der Qualitätsplanung (1.5.6.5) oder auf die realisierte Einheit selbst beziehen.

**Anmerkung 2:** Zur Feststellung, ob Qualifikation vorliegt, dient die Qualifikationsprüfung (3.1.5)

### 1.4.2 Zuverlässigkeitsforderung

Derjenige Teil der Qualitätsforderung, der das Verhalten der Einheit während oder nach vorgegebenen Zeitspannen bei vorgegebenen Anwendungsbedingungen betrifft.

**Anmerkung:** Entsprechende Definitionen sind auch für andere Bestandteile der Qualitätsforderung sinnvoll, beispielweise für die *Sicherheitsforderung.*

### 1.4.3 Vorschrift (regulation)

Verbindliches Dokument, welches gesetzliche Regelungen, Verordnungen oder Verwaltungsvorschriften enthält, und das von einer autorisierten Stelle, die durch Gesetz die dafür notwendige Vollmacht hat, erlassen ist.

**Anmerkung 1:** Diese Definition liegt durch internationalen Vertrag seit 1974 viersprachig fest (deutsch, englisch, französisch und russisch).

**Anmerkung 2:** Im Rahmen einer Qualitätsforderung (1.4) sind häufig unabdingbare Einzelforderungen aus Vorschriften enthalten, z.B. zur Sicherheit.

## 1.5 Qualität (quality)

Beschaffenheit (1.2) einer Einheit (1.1) bezüglich ihrer Eignung, die Qualitätsforderung (1.4) zu erfüllen.

**Anmerkung 1:** Die DIN-Definition 1987 lautet: „Beschaffenheit einer Einheit bezüglich ihrer Eignung, festgelegte und vorausgesetzte *Erfordernisse* zu erfüllen". Anmerkung 1 der Norm sagt: „Zu ‚festgelegte und vorausgesetzte *Erfordernisse*' siehe Qualitätsforderung (4)." (hier 1.4).

**Anmerkung 2:** „Qualitätsforderung" ist in der Norm mit den Wörtern definiert „die festgelegten und vorausgesetzten *Erfordernisse*". Deshalb wird die zugehörige Begriffsbenennung „Qualitätsforderung" hier in die Qualitätsdefinition eingesetzt, ebenso wie bei „Einheit" und bei „Beschaffenheit" geschehen. Damit und mit der Verwendung der vollständigen Definition der Qualitätsforderung (siehe 1.4) werden auch zahlreiche, teilweise in Anmerkung 2 zu Qualitätsforderung (1.4) genannte Mißverständnisse vermieden. Weitere Erläuterungen: Siehe Anhang, Abschnitt 4.2.

**Anmerkung 3:** In der Qualitätsdefinition ist die *realisierte Beschaffenheit* gemeint. Es gibt daher keine „geforderte Qualität". Gefordert ist stets die Erfüllung der Qualitätsforderung („fitness for use"). Qualität sollte nicht verwechselt werden mit „Erfüllung der Qualitätsforderung", mit „Qualitätsforderung" (1.4), mit „Anspruchsniveau" (1.3), mit „Sorte" usw.

**Anmerkung 4:** Der immaterielle Qualitätsbegriff enthält stetige Bewertungsmöglichkeiten, z.B. von „sehr schlecht" bis „sehr gut". Am Ende einer Qualitätsbetrachtung wird ein ursprünglich quantitatives Ergebnis oft in ein qualitatives Ergebnis verwandelt (Alternativmerkmal: „gut" oder „schlecht").

**Anmerkung 5:** Es ist üblich und sinnvoll, daß sich Qualitätsbetrachtungen auf ein Qualitätselement (1.5.3) oder auf mehrere oder auf alle Qualitätselemente eines Produkts oder des Ablaufs einer Tätigkeit (eines Prozesses) beziehen. Im Zweifel sollten die betrachteten Qualitätselemente genannt werden.

**Anmerkung 6:** Von der Verwendung der Benennung *„Güte"* synonym zu „Qualität" wird mit Rücksicht auf die internationale Normung abgeraten. Wird *„Güte"* benutzt, wie oft im behördlichen Bereich, sollte sie im Sinne des von der Behörde gegen „Qualität" abgegrenzten Begriffsinhalts, mangels einer solchen Festlegung als Synonym zu Qualität benutzt werden.

**Anmerkung 7:** *Ausführungsqualität* ist genormt mit der Definition „Beschaffenheit der Ergebnisse von Tätigkeiten und Prozessen für ein oder mehrere Qualitätselemente bezüglich ihrer Eignung, die für die Ergebnisse vorgegebenen Forderungen zu erfüllen". Sie ist also ein Synonym zu „Qualität". Die Verwendung ihrer Benennung ist nicht empfehlenswert, weil „Ausführung" in der Gemeinsprache sowohl eine Tätigkeit als auch deren Ergebnis bezeichnen kann, nach der Definition aber nur auf Ergebnisse angewendet werden soll.

### 1.5.1 Zuverlässigkeit

Teil der Qualität (1.5) im Hinblick auf das Verhalten der Einheit (1.1) während oder nach vorgegebenen Zeitspannen bei vorgegebenen Anwendungsbedingungen.

**Anmerkung 1:** Stimmt mit dem Begriff reliability nach ISO 8402-1986 sachlich nicht überein. Zu „reliability" gehören zwei Begriffe: Einerseits ist reliability Lebensdauer (siehe 1.5.6.20, Anmerkung 1), andererseits inhaltlich positiv Funktionsfähigkeit.

**Anmerkung 2:** Die Zuverlässigkeit kann auch durch Lagerung und Transport beeinflußt werden.

**Anmerkung 3:** Wie Qualität durch Qualitätsmerkmale (1.9.3), so ist Zuverlässigkeit durch Zuverlässigkeitsmerkmale (1.9.3.1) bestimmt. Spezielle Zuverlässigkeitsmerkmale sind die *Brauchbarkeitsdauer* und die *Verfügbarkeit*.

**Anmerkung 4:** Man spricht von Zuverlässigkeitssicherung als einem Bestandteil der Qualitätssicherung (1.5.6.4), es gibt jedoch keine eigene Benennung für den zuverlässigkeitsbezogenen Aspekt des Qualitätssicherungssystems (1.5.6).

**Anmerkung 5:** Im Englischen und im Französischen ist für diesen Begriff noch keine einheitliche Benennung festgelegt. Im Englischen wird für Zuverlässigkeit im obigen Sinn häufig „dependability" verwendet.

**1.5.2 Gebrauchstauglichkeit** (fitness for use)
Eignung eines Gutes für seinen bestimmungsgemäßen Verwendungszweck, die auf objektiv und nicht objektiv feststellbaren Gebrauchseigenschaften beruht, und deren Beurteilung sich aus individuellen Bedürfnissen ableitet (aus DIN 66050).

**1.5.3 Qualitätselement** (quality element)
Beitrag zur Qualität

- eines materiellen oder immateriellen Produkts aufgrund des Ergebnisses einer Tätigkeit oder eines Prozesses in einer der *Planungs-, Realisierungs-* oder *Nutzungsphasen*, bzw.
- einer Tätigkeit oder eines Prozesses aufgrund eines Elements im Ablauf dieser Tätigkeit oder dieses Prozesses.

**Anmerkung 1:** Bei Produkten gibt es *unmittelbar* und *mittelbar* wirksame *Qualitätselemente.* Beispiel für ein unmittelbar wirksames ist das Ergebnis der Beschaffung (Einkauf). Beispiel für ein mittelbar wirksames ist das Ergebnis der Erprobung eines Entwicklungsmusters (3.9.1).

**Anmerkung 2:** Jede Tätigkeit und jeder Prozeß kann selbst Einheit einer Qualitätsbetrachtung sein. Zu jedem Ablaufelement einer Tätigkeit oder eines Prozesses gibt es Einflußgrößen, die auf das Ablaufelement einwirken können, und damit auf dessen Beitrag zur Qualität der Tätigkeit oder des Prozesses.

**Anmerkung 3:** Entsprechend dem Qualitätselement gibt es für spezielle Gruppen oder Untergruppen von Qualitätsmerkmalen speziell benannte Qualitätselemente, z.B. ein *Zuverlässigkeitselement* oder ein *Sicherheitselement.*

**1.5.4 Qualitätskreis** (quality loop)
Modell für das Ineinandergreifen der Qualitätselemente (1.5.3) in den Planungs-, Realisierungs- und Nutzungsphasen eines materiellen oder immateriellen Produkts.

**Anmerkung 1:** Die DIN-Definition 1987 lautet: „Modell für das Ineinandergreifen der Beiträge zur Qualität eines materiellen oder immateriellen Produkts aufgrund der Ergebnisse von Tätigkeiten oder Prozessen in den *Planungs-, Realisierungs-* und *Nutzungsphasen*".

**Anmerkung 2:** Durch die Verwendung des Begriffs Qualitätselement (1.5.3) in der obigen Definition wird diese kürzer. Außerdem wird der Zusammenhang zwischen den Begriffen Qualitätselement und Qualitätskreis deutlicher. Schließlich kann der Anwender – wie in der Praxis üblich und sinnvoll – auch die Qualitätselemente der Tätigkeiten in die Betrachtung mit einbeziehen, deren Ergebnisse die Qualitätselemente der betrachteten Produkte mit bestimmen.

**Anmerkung 3:** Der Qualitätskreis spiegelt nicht den zeitlichen Ablauf der Tätigkeiten wieder. Er zeigt modellhaft, daß in allen Phasen der Planung, der Realisierung und der Nutzung eines Produkts dessen Qualität beeinflußt wird. Dabei hängen die Qualitätselemente von der Produktart ab. Für das Ineinandergreifen von *Kosten-* und *Terminelementen* gibt es ebenfalls Kreismodelle.

**Anmerkung 4:** Das Modell Qualitätskreis trifft bei einer Tätigkeit oder einem Prozeß als Gegenstand der Qualitätsbetrachtung wegen des Fehlens der Nutzungsphasen und vor allem deshalb nicht zu, weil jede einzelne Tätigkeit und jeder einzelne Prozeß einen zwingenden Zeitablauf hat, der die Qualitätsbetrachtung bestimmt. Dazu bedarf es keines speziellen Modells. Demgegenüber ist das Ineinandergreifen der Ergebnisse der – die Qualität eines Produkts bestimmenden und meist zahlreichen – Tätigkeiten und Prozesse ein sehr komplexer Vorgang, den man zweckmäßig mit diesem Gedankenmodell ordnet.

**Anmerkung 5:** Der Qualitätskreis kann auf eine einzige Organisation angewendet werden, aber auch mehrere zur Planung, zur Realisierung und zur Nutzung des Produkts beitragende Organisationen oder andere Beteiligte betreffen.

Bild 1: Beispiel des Qualitätskreises für ein spezielles materielles Produkt (aus DIN 55350 Teil 11, Mai 1987)

### 1.5.5 Qualitätspolitik (quality policy)

Die grundlegenden Absichten und Zielsetzungen einer Organisation zur Qualität (1.5), wie sie von ihrer Leitung formell erklärt werden.

**Anmerkung 1:** Die Qualitätspolitik ist eines der Elemente der grundlegenden Absichten und Zielsetzungen einer Organisation und sollte deshalb mit ihren anderen Elementen abgestimmt sein, z.B. mit der Personalpolitik.

**Anmerkung 2:** Aus der Qualitätspolitik ergeben sich die grundlegenden *Richtlinien für das Qualitätssicherungssystem* (1.5.6). Deshalb müssen die „grundlegenden Absichten und Zielsetzungen“ so konkretisiert sein, daß sie in solche Richtlinien umgesetzt werden können.

#### 1.5.5.1 Qualitätsmanagement (quality management)

Derjenige Aspekt der Gesamtführungsaufgabe, welcher die Qualitätspolitik festlegt und zur Ausführung bringt.

**1.5.5.2 Qualitätsförderung** (quality improvement)
Verbessern der Qualitätsfähigkeit (1.5.7)

**Anmerkung 1:** Man unterscheidet die personenbezogene, die verfahrensbezogene, die einrichtungsbezogene und die produktbezogene Qualitätsförderung.

**Anmerkung 2:** Vor der Planung von Qualitätsförderung muß bekannt sein, ob und welche Qualitätsverbesserungen (1.5.5.3) einbezogen sein sollen.

**Anmerkung 3:** Qualitätsförderung ist zu unterscheiden von der Qualitätsverbesserung (1.5.5.3)

**Anmerkung 4:** Englisch auch ‚quality promotion'.

**1.5.5.3 Qualitätsverbesserung** (quality improvement)
Verschärfen und/oder Ausweiten einer Qualitätsforderung (1.4) durch Verschärfen und/oder Hinzufügen von *Einzelforderungen*.

**Anmerkung:** Qualitätsverbesserung ist zu unterscheiden von der Qualitätsförderung (1.5.5.2)

**1.5.6 Qualitätssicherungssystem;** kurz: „QS-System" (quality system)
Die festgelegte Aufbau- und Ablauforganisation zur Durchführung der Qualitätssicherung (1.5.6.4) sowie die dazu erforderlichen Mittel.

**Anmerkung 1:** Es gibt unternehmensspezifische und vertragsspezifische QS-Systeme. In beiden Fällen wird durch die Festlegung der QS-Elemente über die sachlichen und personellen Möglichkeiten der Qualitätssicherung entschieden.

**Anmerkung 2:** Die Planung des QS-Systems („QSS-Planung") ist zu unterscheiden von der Qualitätsplanung (1.5.6.5)

**Anmerkung 3:** In Wortverbindungen kann das QS-System mit „QSS" abgekürzt werden, beispielsweise in „QSS-Planung" und „QSS-Bewertung".

**1.5.6.1 QS-Element**
Element eines Qualitätssicherungssystems.

**Anmerkung 1:** Man unterscheidet folgende QS-Elemente: *QS-Führungselemente*, *unmittelbar* und *mittelbar wirkende QS-Ablaufelemente* sowie *QS-Aufbauelemente*. Wie Einheiten (1.1) können auch QS-Elemente unterteilt und zusammengefaßt werden (siehe Anmerkung 2 zu Einheit (1.1)).

**Anmerkung 2:** QS-Elemente unterscheide man von Qualitätselementen (1.5.3). Zu beachten ist, daß im Englischen diese Unterscheidung durch unterschiedliche Benennungen seit 1983 dadurch unmöglich ist, daß bei ISO ‚quality assurance system' in ‚quality system' umbenannt wurde.

**1.5.6.2 Qualitätsaudit** (quality audit)
Beurteilen der Wirksamkeit des QS-Systems (1.5.6) oder von QS-Elementen (1.5.6.1) aufgrund einer unabhängigen systematischen Untersuchung.

**Anmerkung 1:** Die Beurteilung umfaßt die Prüfung, inwieweit die einschlägigen QS-Verfahrensanweisungen befolgt werden, und ob diese zweckmäßig sind. Gegebenenfalls folgen daraus Hinweise auf nötige Verbesserungen und Korrekturen.

**Anmerkung 2:** Es wird unterschieden zwischen *Systemaudit, Verfahrensaudit* und *Produktaudit*. Von „Verfahrensaudit“ oder von „Produktaudit“ wird gesprochen, wenn die Wirksamkeit von QS-Elementen anhand von Verfahren oder Produkten beurteilt wird. Von „Systemaudit“ spricht man, wenn die Wirksamkeit des QS-Systems als Ganzes beurteilt wird.

**Anmerkung 3:** Qualitätsaudits werden – je nach Veranlassung durch die Leitung der Organisation oder durch Vertragspartner/Dritte – für interne oder für externe Zwecke durchgeführt („*Internes Qualitätsaudit*“/„*Externes Qualitätsaudit*“).

**Anmerkung 4:** Eine mit internen Qualitätsaudits beauftragte Stelle sollte nicht „Qualitätsaudit“ heißen, sondern z.B. „*Qualitätsrevision*“.

### 1.5.6.3 Qualitätswesen (quality department)

Aufbauorganisatorische Einheit, die sich vorwiegend mit Qualitätssicherung befaßt.

**Anmerkung:** Qualitätssicherung (1.5.6.4) ist eine Aufgabe aller aufbauorganisatorischen Einheiten in der Organisation. Deshalb ist es zweckmäßig, eine aufbauorganisatorische Einheit, die sich vorwiegend mit Qualitätssicherung befaßt, nicht „Qualitätssicherung“ zu nennen.

### 1.5.6.4 Qualitätssicherung

Gesamtheit der Tätigkeiten des Qualitätsmanagements (1.5.5.1), der Qualitätsplanung (1.5.6.5), der Qualitätslenkung (1.5.6.6 bis 1.5.6.9) und der Qualitätsprüfungen (1.5.6.10).

**Anmerkung 1:** Im Englischen ist für diesen Begriff noch keine einheitliche Benennung festgelegt. Verwendet werden die Benennungen „quality assurance“, „quality control“ und „quality management“.

**Anmerkung 2:** Die Zuverlässigkeitssicherung (1.5.6.17) ist ein Teil der Qualitätssicherung.

**Anmerkung 3:** Im öffentlichen Auftragswesen ist die *Güteprüfung* ein wesentlicher Bestandteil der Qualitätssicherung.

**Anmerkung 4:** In Wortverbindungen sollte „Qualitätssicherung“ mit „QS“ abgekürzt werden, beispielsweise in „QS-System“ und „QS-Nachweis“.

### 1.5.6.5 Qualitätsplanung

Auswählen, Klassifizieren und Gewichten der Qualitätsmerkmale (1.9.3) sowie schrittweises Konkretisieren aller Einzelforderungen an die Beschaffenheit zu Realisierungsspezifikationen, und zwar im Hinblick auf die durch den Zweck der Einheit gegebenen Erfordernisse, auf das Anspruchsniveau (1.3) und unter Berücksichtigung der Realisierungsmöglichkeiten.

**Anmerkung 1:** Eine Kurzdefinition lautet: „Planen und Weiterentwickeln der Qualitätsforderung(en)“. Daraus erkennt man die Mißverständlichkeit der Benennung: Es wird nicht die Qualität geplant, sondern die Qualitätsforderung.

**Anmerkung 2:** Bei einem Produkt beeinflussen die Tätigkeiten und Prozesse zur Realisierung des Produkts dessen Qualität. Deshalb ist in der Regel für diese Tätigkeiten und Prozesse ebenfalls eine Qualitätsplanung erforderlich.

**Anmerkung 3:** Die *Zuverlässigkeitsplanung* ist ein Teil der Qualitätsplanung.

**Anmerkung 4:** Man unterscheidet zwischen der externen und der internen Qualitätsplanung. Bei der *externen Qualitätsplanung*, die meist von Stellen im Vertriebs- oder Marketingbereich durchgeführt wird, werden die durch den Zweck der Einheit bedingten Einzelforderungen festgelegt. Bei der *internen Qualitätsplanung*, die meist von Stellen im Technikbereich durchgeführt wird, werden die durch die Realisierung der Einheit bedingten, weiter detaillierten und/oder zusätzlichen Festlegungen getroffen. Die Koordinierung dieser beiden Aufgaben ist erfolgsentscheidend.

**Anmerkung 5:** Die Qualitätsplanung ist zu unterscheiden von der *Planung der Qualitätssicherung* (1.5.6.4), also von der Planung der Qualitätsplanung, der Qualitätslenkung und der Qualitätsprüfungen. Bisher existiert nur für die Planung der Qualitätsprüfungen die Benennung „Prüfplanung" (3.1.1).

### 1.5.6.6 Qualitätslenkung (quality control)

Die vorbeugenden, überwachenden und korrigierenden Tätigkeiten bei der Realisierung einer Einheit (1.1) mit dem Ziel, die Qualitätsforderung (1.4) zu erfüllen.

**Anmerkung 1:** Die Qualitätslenkung erfolgt im Anschluß an die Qualitätsplanung (1.5.6.5) und unter Verwendung von Ergebnissen der Qualitätsprüfungen (1.5.6.10) und/oder anderer Qualitätsdaten (1.5.8).

**Anmerkung 2:** Für eine erfolgreiche Qualitätslenkung sind *beherrschte Prozesse* (3.6) von Bedeutung, jedoch nicht immer eine hinreichende Voraussetzung.

**Anmerkung 3:** Früher „*Qualitätssteuerung*" oder „*Qualitätsregelung*", gelegentlich auch „*Qualitätsgestaltung*".

### 1.5.6.7 Unmittelbare Qualitätslenkung (direct quality control)

Qualitätslenkung während der Realisierung der Einheit (1.1).

**Anmerkung 1:** Ist die Einheit ein Produkt, erstreckt sich die Qualitätslenkung zweckmäßig nicht nur auf die Qualitätselemente (1.5.3) des Produkts, sondern auch auf die Tätigkeiten und Prozesse, deren Ergebnisse die Qualitätselemente des Produkts mitbestimmen.

**Anmerkung 2:** Unmittelbare Qualitätslenkung erfolgt oft aufgrund von Selbstprüfung (3.1.6.4).

### 1.5.6.8 Mittelbare Qualitätslenkung (indirect quality control)

Herbeiführen oder Verbessern der zur Realisierung der Einheit (1.1) benötigten Qualitätsfähigkeit (1.5.7) durch Korrekturmaßnahmen (3.3.7) und Qualitätsförderung (1.5.5.2).

**Anmerkung 1:** Man unterscheidet bei der mittelbaren Qualitätslenkung die personenbezogenen, die verfahrensbezogenen, die einrichtungsbezogenen und die produktbezogenen Maßnahmen.

**Anmerkung 2:** Beispiele für die mittelbare Qualitätslenkung sind Korrekturmaßnahmen, Instandhaltung, Weiterentwicklung von Fertigungsverfahren.

### 1.5.6.9 Statistische Qualitätslenkung (statistical quality control)

Derjenige Teil der Qualitätslenkung, bei dem statistische Verfahren eingesetzt werden.

### 1.5.6.10 Qualitätsprüfung (quality inspection and testing)

Feststellen, inwieweit eine Einheit (1.1) die Qualitätsforderung (1.4) erfüllt.

**Anmerkung 1:** Qualitätsprüfungen werden anhand von Prüfmerkmalen (3.1) durchgeführt. Es muß festgelegt sein, auf welche Qualitätsmerkmale sich eine Qualitätsprüfung bezieht, und welche *Konkretisierungsstufe der Qualitätsforderung* maßgeblich ist.

**Anmerkung 2:** Qualitätsprüfungen können – als mittelbare QS-Ablaufelemente – immer und überall stattfinden, z.B. in bezug auf jede Phase des Qualitätskreises (1.5.4).

**Anmerkung 3:** Die Benennungen „*Überprüfung*", „*Gegenprüfung*", „*Vorprüfung*", „*Nachprüfung*", „*Nachweisprüfung*" und „*Bestätigungsprüfung*" werden häufig synonym zu „Qualitätsprüfung", aber auch mit eingeschränkter Bedeutung benutzt. Deshalb sollten diese Benennungen vermieden werden, oder es sollte die für den Anwendungsfall zutreffende Definition festgelegt werden.

**Anmerkung 4:** Statistische Qualitätsprüfungen: Siehe 3.1.15 bis 3.1.15.7.

### 1.5.6.11 Qualitätskontrolle

**Anmerkung 1:** Dieser Begriff wird im Deutschen nicht definiert. Dies gilt seit der 2. Auflage 1974 dieser Schrift und ebenso in der deutschen Normung.

**Anmerkung 2:** Aus wörtlicher, aber nicht sinngemäßer Übersetzung von ‚quality control' ist die Bezeichnung „Qualitätskontrolle" entstanden. Weil diese Bezeichnung meist ohne nähere Angabe und damit mißverständlich synonym zu verschiedenen Begriffen wie „Qualitätsprüfung" (1.5.6.10), „Qualitätslenkung" (1.5.6.6), „Qualitätsüberwachung" (1.5.7.4), „Qualitätsaudit" (1.5.6.2) und „QS-Nachweisführung" (1.5.6.13) eingeschränkt oder kombiniert benutzt wird, ist von ihrer Benutzung abzuraten.

### 1.5.6.12 QSS-Bewertung (quality system review)

Formelle Bewertung des Standes und der Angemessenheit des QS-Systems in bezug auf die Qualitätspolitik (1.5.5) sowie auf neue Zielsetzungen aufgrund veränderter Umstände durch die Leitung der Organisation.

### 1.5.6.13 QS-Nachweisführung (quality assurance)

Alle Tätigkeiten und ihre Ergebnisse, die notwendig sind, um hinreichendes Vertrauen herzustellen, daß Qualitätsforderungen (1.4) erfüllt werden.

**Anmerkung 1:** Damit sie wirksam ist, muß QS-Nachweisführung systematisch geplant werden. Wichtigster Maßstab für die Planung sind erwartete QS-Nachweisforderungen (1.5.6.14) von Abnehmern. Üblicherweise benötigt man eine fortlaufende Bewertung aller Faktoren, welche die Angemessenheit der Qualitätsforderungen für den jeweiligen Zweck der zu realisierenden Einheiten beeinflussen, außerdem bestätigende Qualitätsprüfungen und interne Qualitätsaudits in bezug auf alle betrachteten Phasen des Qualitätskreises.

**Anmerkung 2:** Innerhalb der Organisation dient die QS-Nachweisführung als *QS-Führungselement*, in einem Vertragsverhältnis zur Herstellung von Vertrauen gegenüber dem Lieferer.

**Anmerkung 3:** Der Umfang der QS-Nachweisführung ist im Einzelfall bestimmt durch die Anzahl der im Rahmen der ausgewählten QS-Nachweisstufe für die QS-Nachweisführung vereinbarten oder vorgegebenen QS-Elemente (1.5.6.1).

**Anmerkung 4:** Das Ergebnis der QS-Nachweisführung ist der *QS-Nachweis* gegenüber dem Auftraggeber bei vertraglicher Vereinbarung, oder gegenüber einer zuständigen Stelle bei gesetzlicher Auflage.

### 1.5.6.14 QS-Nachweisforderung (quality assurance requirements)

Forderung eines Nachweises über QS-Elemente (1.5.6.1) gegenüber dem Auftraggeber bei vertraglicher Vereinbarung, oder gegenüber einer zuständigen Stelle bei gesetzlicher Auflage.

**Anmerkung 1:** Eine QS-Nachweisforderung ergibt sich aus der Tatsache, daß die Qualität (1.5) komplexer Produkte durch eine Abnahmeprüfung (3.1.9.2) allein nicht festgestellt werden kann.

**Anmerkung 2:** Zur Abstufung von QS-Nachweisforderungen unterscheidet man international meist drei *QS-Nachweisstufen.* Es sind die Rangstufen der genormten QS-Nachweisforderungen (z.B. ISO 9001 bis ISO 9003 bzw. DIN ISO 9001 bis DIN ISO 9003; höchste QS-Nachweisstufe ist dort die QS-Nachweisführung „für Entwicklung und Konstruktion, Produktion, Montage und Kundendienst", dann folgen die QS-Nachweisstufen „für Produktion und Montage" und „für Endprüfungen", wozu auch die Beherrschung des Fehlergeschehens gehört).

**Anmerkung 3:** Von der QS-Nachweisforderung sind zu unterscheiden die Qualitätsforderung (1.4) und die Forderung nach einem Qualitätsnachweis (3.7.2).

### 1.5.6.15 QS-Nachweisumfang

Durch die Anzahl der vereinbarten oder vorgegebenen QS-Elemente (1.5.6.1) bestimmter Umfang der QS-Nachweisführung (1.5.6.13), wobei die Auswahl im Rahmen der geltenden QS-Nachweisstufe erfolgt.

**Anmerkung 1:** Siehe Anmerkung 2 zu QS-Nachweisforderung (1.5.6.14).

**Anmerkung 2:** Die Tätigkeit zur Festlegung und Vereinbarung des QS-Nachweisumfangs wird im Englischen (in ISO 9000) als „tailoring" bezeichnet.

### 1.5.6.16 QS-Nachweistiefe

Grad der Detaillierung der QS-Nachweisführung (1.5.6.13) für die einzelnen ausgewählten QS-Elemente (1.5.6.1).

### 1.5.6.17 Zuverlässigkeitssicherung

Derjenige Teil der Qualitätssicherung (1.5.6.4), der sich auf Zuverlässigkeitsmerkmale (1.9.3.1) bezieht.

**Anmerkung:** Man spricht von „Zuverlässigkeitssicherung" als einem Bestandteil der Qualitätssicherung, es gibt jedoch keine eigene Benennung für den zuverlässigkeitsbezogenen Aspekt des QS-Systems.

### 1.5.6.18 Störung (deficiency)

Fehlende, fehlerhafte oder unvollständige Realisierung einer geforderten Funktion durch die Einheit (1.1).

**Anmerkung 1:** Der Begriff Störung enthält keine Wertung der Störung im Rahmen einer Zuverlässigkeitsbetrachtung. Er sagt auch nichts darüber aus, ob die Störungsursache zugelassen ist oder nicht.

**Anmerkung 2:** Eine Störung kann auch eine vorübergehende Beeinträchtigung der Realisierung einer geforderten Funktion sein.

**Anmerkung 3:** *Versagen* ist eine Störung bei zugelassener Beanspruchung der Einheit (1.1) aufgrund einer in ihr selbst liegenden Ursache.

**1.5.6.19 Ausfall** (failure)

Beendigung der Fähigkeit einer Hardware-Einheit, eine geforderte Funktion zu erfüllen, und zwar aufgrund einer in der Einheit (1.1) selbst liegenden Ursache im Rahmen der zugelassenen Beanspruchung.

**Anmerkung 1:** *„Ausfallkriterium"* ist eine Festlegung zur Feststellung, ob ein Ausfall vorliegt. Ein Ausfall kann auch unter vielen anderen Blickwinkeln betrachtet werden, z.B. Ausfallursache, Ausfallart, Ausfallmechanismus, Vorhersehbarkeit des Ausfalls, Ausfallfolgen, Ausfallkosten, Ausfallrate.

**Anmerkung 2:** Die Bezeichnung „Ausfall" soll zur Vermeidung von Mißverständnissen nicht für ein Fertiglos (1.10.2.2) benutzt werden, das für den vorgesehenen Verwendungszweck nicht brauchbar ist, jedoch für einen anderen Verwendungszweck eingesetzt oder aufbewahrt werden kann.

**Anmerkung 3:** *„Ausfallrate"* ist der – mathematische – Grenzwert der Ausfallquote für das gegen Null gehende Zeitintervall, wobei die *Ausfallquote* „temporäre Ausfallhäufigkeit durch zugehöriges Zeitintervall" ist.

**1.5.6.20 Klardauer** (up time)

Nicht durch Versagen (siehe 1.5.6.18) unterbrochene Betriebsdauer ab Betrachtungsbeginn.

**Anmerkung 1:** Die Klardauer bei *nichtinstandzusetzenden Produkten* heißt auch *„Lebensdauer"* und hat die Abkürzung TTF (time to failure). Ihr arithmetischer Mittelwert bei vielen gleichartigen Produkten heißt *„Mittlere Lebensdauer"* und hat die Abkürzung MTTF (mean time to failure).

**Anmerkung 2:** Die Klardauer bei *instandzusetzenden Produkten* bis zum ersten Ausfall des Produkts hat die Abkürzung *„TTFF"* (time to first failure). Der Mittelwert vieler Klardauern nach vielen Ausfällen eines einzigen Produkts hat die Abkürzung *„MTBF"* (mean time between failures). Sie ist zugleich der Mittelwert der Ausfallabstände, wobei der *Ausfallabstand* die Zeitspanne zwischen zwei aufeinanderfolgenden Ausfällen ist. Manchmal wird darunter fälschlich auch der Erwartungswert der Klardauern bis zum ersten Ausfall (vieler gedachter oder wirklicher) instandzusetzender Produkte verstanden.

**Anmerkung 3:** Betrachtungsbeginn ist ein – meist fiktiver – Zeitpunkt $t = 0$, auf den für die Bildung von Zuverlässigkeits-Kenngrößen jeder Verwendungsbeginn gelegt wird.

**1.5.6.21 Unklardauer** (down time)

Zeitspanne ab dem Zeitpunkt des Versagens (siehe 1.5.6.18) eines instandzusetzenden Produkts bis zur Wiederherstellung seiner Funktionsfähigkeit.

**Anmerkung 1:** Unklardauer und Klardauer zusammen ergeben jeweils die Zeitspanne zwischen zwei Ausfällen, also den Ausfallabstand.

**Anmerkung 2:** Die Unklardauer wird auch *„Ausfalldauer"* genannt.

### 1.5.7 Qualitätsfähigkeit (quality capability)

Eignung einer Organisation oder ihrer Elemente zur Realisierung einer Einheit (1.1), die Qualitätsforderung (1.4) an diese Einheit zu erfüllen.

**Anmerkung:** Elemente der Organisation sind beispielsweise Personen, Verfahren, Maschinen, Prozesse (vgl. Qualitätsfähiger Prozeß (3.7)).

#### 1.5.7.1 Qualitätstechnik (quality engineering)

Anwendung wissenschaftlicher und technischer Kenntnisse sowie von Führungstechniken für die Qualitätssicherung (1.5.6.4).

**Anmerkung:** Qualitätstechnik ist derjenige Teil der Technik (engineering), dessen Ziel die Erfüllung der Qualitätsforderungen (1.4) ist.

#### 1.5.7.2 Qualitätskosten (quality costs)

Kosten, die vorwiegend durch Qualitätsforderungen (1.4) verursacht sind; das heißt: Kosten, die durch Tätigkeiten der Fehlerverhütung, durch planmäßige Qualitätsprüfungen (1.5.6.10) sowie durch intern oder extern festgestellte Fehler (1.6) verursacht sind.

**Anmerkung 1:** Kosten, die z.B. vorwiegend durch Produktionsaufgaben verursacht sind, sind keine Qualitätskosten, obwohl bei ihrer Erfüllung auch Qualitätssicherung betrieben werden muß.

**Anmerkung 2:** Die Beurteilung der Qualitätskosten dient der Optimierung der Qualitätssicherung, nicht aber der Erfassung der Kosten der Qualitätssicherung (1.5.6.4) oder der Kosten für die Qualität (1.5) einer Einheit (1.1).

**Anmerkung 3:** Das Ergebnis der Zusammenstellung und Aufschlüsselung der Qualitätskosten geht nicht in die Bilanz ein. Deshalb sollte man von *„Qualitätskostennachweisen"* sprechen und den Ausdruck *„Qualitätskostenrechnung"* vermeiden.

**Anmerkung 4:** International üblich ist die Benennung der drei in der Definition genannten Qualitätskostengruppen als *„Fehlerverhütungskosten"* (‚prevention costs'), *„Prüfkosten"* (‚appraisal costs') und *„Fehlerkosten"* (‚failure costs'). Siehe auch DGQ-Schrift 14-17, 5. Auflage 1985.

#### 1.5.7.3 Lieferantenbeurteilung

Beurteilung der Qualitätsfähigkeit (1.5.7) eines Lieferers durch den Abnehmer.

**Anmerkung:** Es gibt in QS-Systemen (1.5.6) unterschiedliche Verfahren der Beurteilung eines Lieferers. Beispiele sind
*vor* der Auftragserteilung die
- Sammlung von Information über die Qualitätsfähigkeit des Lieferers („vendor appraisal");

*nach* der Auftragserteilung die
- Überwachung des QS-Systems des Lieferers durch den Abnehmer, seinen Beauftragten oder eine unabhängige Stelle (siehe Qualitätsüberwachung (1.5.7.4));

- Prüfung der Vertragsgegenstände durch den Abnehmer oder seinen Beauftragten beim Lieferer („vendor inspection");
- Eingangsprüfung (3.1.3) der Vertragsgegenstände beim Abnehmer mit laufender Bewertung der Qualitätsfähigkeit (1.5.7) des Lieferers („vendor rating").

### 1.5.7.4 Qualitätsüberwachung (quality surveillance)

Fortlaufendes Prüfen und Bewerten des Standes der Qualitätssicherung (1.5.6.4) und ihrer Ergebnisse sowie Auswerten der Qualitätsdaten (1.5.8) zur Sicherstellung der Erfüllung von Qualitätsforderungen (1.4).

**Anmerkung 1:** Für „Aufzeichnungen bezüglich vorgegebener Festlegungen" steht oben „Qualitätsdaten" in der sonst gleichlautenden DIN-Definition 1987.

**Anmerkung 2:** Qualitätsüberwachung kann nicht nur durch interne Stellen, sondern auch durch den Abnehmer oder seinen Beauftragten durchgeführt werden.

### 1.5.8 Qualitätsdaten

Daten über die Qualität (1.5) von Einheiten (1.1), über die Randbedingungen der zu ihrer Feststellung angewendeten Qualitätsprüfungen sowie über die jeweils zugehörige Qualitätsforderung (1.4).

**Anmerkung 1:** Auch die Tätigkeiten der Qualitätssicherung gehören zu den Einheiten.

**Anmerkung 2:** Zum Begriff Daten: Siehe DIN 44300 Teil 2 (z.Z. Entwurf).

### 1.5.9 Qualitätskostendaten

Daten über Feststellungen und Festlegungen über Qualitätskosten (1.5.7.2).

### 1.5.10 QS-Daten

Daten über Feststellungen und Forderungen an Tätigkeiten im Rahmen der Qualitätssicherung (1.5.6.4).

### 1.6 Fehler (nonconformity)

Nichterfüllung einer Forderung.

**Anmerkung 1:** Die Fehlerentstehung ist ein Ereignis (1.2.2), der Fehler aber meist ein Zustand (1.2.1). Die Forderung ist in der Qualitätssicherung immer eine Einzelforderung im Rahmen einer Qualitätsforderung (1.4). Beispiel ist ein Toleranzbereich mit den Grenzwerten (1.9.5.4) $G_{un}$ und $G_{ob}$. Liegt ein Merkmalswert x außerhalb des Toleranzbereichs, handelt es sich um einen Fehler. Dabei kann der Betrag des negativen Grenzwertabstandes (siehe 1.9.6.6, insbesondere Anmerkung 2)

$$|x - G_{un}| \quad \text{oder} \quad |G_{ob} - x|$$

wichtig für die Entscheidung sein, was mit der fehlerhaften Einheit geschehen soll. Die Verwendbarkeit ist durch einen Fehler nicht notwendigerweise beeinträchtigt. Ausnahme: Produkthaftungsfälle aufgrund eines Mangels, also eines die Brauchbarkeit beeinträchtigenden Fehlers.

**Anmerkung 2:** Vom Fehler ist der *Mangel* (E: ‚defect'; F: ‚defaut') zu unterscheiden, der stets eine Beeinträchtigung der Verwendbarkeit bedeutet: Einen Mangel weist nach § 459 BGB eine Sache auf, wenn sie „mit Fehlern behaftet ist, die den Wert oder die Tauglichkeit zu dem gewöhnlichen oder dem nach dem Vertrage vorausgesetzten

Gebrauch aufheben oder mindern". „Nicht in Betracht" kommt als Begründung für einen Mangel ein Fehler, der nur „eine unerhebliche Minderung des Wertes oder der Tauglichkeit" zur Folge hat. Ein gewährleistungsrechtlich besonderer Mangel ist das Fehlen einer „zugesicherten Eigenschaft" (siehe § 459 BGB, Abs. 2)

**Anmerkung 3:** Der Begriff des Fehlers war früher auch in anderem Sinn normgerecht, beispielsweise auf dem Gebiet der Meßtechnik im Sinn einer Meßabweichung (geändert mit DIN 1319 Teil 3, Ausgabe 1983).

**Anmerkung 4:** In der Instandhaltung wird ein spezieller Fehler „Schaden" genannt (vgl. DIN 31 051). Der *Schaden* als Grundbegriff zur Sicherheitstechnik (DIN 31 004 Teil 1) ist ein „Nachteil durch die Verletzung von Rechtsgütern aufgrund eines technischen Vorganges oder Zustandes".

### 1.6.1 Fehlerklassifizierung (classification of nonconformities)

Einstufung möglicher Fehler einer Einheit (1.1) in *Fehlerklassen* nach einer Bewertung, die an den *Fehlerfolgen* ausgerichtet ist.

**Anmerkung 1:** International üblich ist die Fehlerklassifizierung in drei Fehlerklassen gemäß 1.6.1.1 bis 1.6.1.3 (siehe auch ISO 2859/1 und die voll entsprechende DIN 40080). Eine *Klassifizierung von Qualitätsmerkmalen* wird zweckmäßig entsprechend vorgenommen (vgl. 1.9.3).

**Anmerkung 2:** Die Numerierung der Fehlerklassen wird verschieden festgelegt, auch in Normen.

#### 1.6.1.1 Kritischer Fehler (critical defect)

Fehler, von dem anzunehmen oder bekannt ist, daß er voraussichtlich für Personen, welche die betreffende Einheit (1.1) benutzen, instandhalten oder auf sie angewiesen sind, gefährliche oder unsichere Situationen schafft; oder ein Fehler, von dem anzunehmen oder bekannt ist, daß er voraussichtlich die Erfüllung der Funktion einer größeren Anlage verhindert, wie z.B. die eines Schiffes, eines Flugzeuges, einer Rechenanlage, einer medizinischen Einrichtung oder eines Nachrichtensatelliten.

**Anmerkung 1:** Die Definition entspricht DIN 40080 und DIN 55350 Teil 31.

**Anmerkung 2:** ISO/DIS 2859/1 teilt „nonconformities" neuerdings in drei Klassen A, B und C ein. Klasse A ist von der „höchsten Wichtigkeit für die Einheit".

#### 1.6.1.2 Hauptfehler (major nonconformity)

Nichtkritischer Fehler, der voraussichtlich zu einem Ausfall (1.5.6.19) führt oder die Brauchbarkeit für den vorgesehenen Verwendungszweck wesentlich herabsetzt.

**Anmerkung 1:** Die Definition entspricht DIN 40080 und DIN 55350 Teil 31.

**Anmerkung 2:** Bei Bedarf können Hauptfehler in 2 Klassen unterteilt werden: *Hauptfehler A* = Vollständige Beeinträchtigung der Brauchbarkeit, Ausfall oder Verlust; *Hauptfehler B* = Teilweise Beeinträchtigung der Brauchbarkeit.

#### 1.6.1.3 Nebenfehler (minor nonconformity)

Fehler, der voraussichtlich die Brauchbarkeit für den vorgesehenen Verwendungszweck nicht wesentlich herabsetzt, oder ein Fehler, der den Gebrauch oder Betrieb der Einheit nur geringfügig beeinflußt.

**Anmerkung 1:** Die Definition entspricht DIN 40080 und DIN 55350 Teil 31.

**Anmerkung 2:** Bei Bedarf können Nebenfehler in 2 Klassen unterteilt werden: *Nebenfehler A* = Beeinträchtigung der Brauchbarkeit in geringem Umfang; *Nebenfehler B* = Keine Beeinträchtigung der Brauchbarkeit.

### 1.6.2 Fehlergewichtung (weighting nonconformities)

Einteilung der bei einer Einheit (1.1) möglichen Fehler in *Fehlergewichtsklassen* nach einer Fehlerbewertung, die an der Bedeutung des Fehlers für die Organisation zur Realisierung der Einheit ausgerichtet ist.

**Anmerkung 1:** Diese interne Bedeutung kann unterschiedliche Gesichtspunkte betreffen, z.B. den vertretbaren Prüfaufwand, die Auswirkung eines Fehlers in der Fertigung, die Bedeutung des Fehlers im Rahmen der Qualitätslenkung (1.5.6.6) oder andere Randbedingungen zum Fehlergeschehen.

**Anmerkung 2:** Eine *Merkmalsgewichtung* wird zweckmäßig entsprechend vorgenommen.

### 1.6.3 Fehlerhafte Einheit (nonconforming item)

Einheit (1.1) mit einem Fehler (1.6) oder mit mehreren Fehlern.

**Anmerkung 1:** Was für die betrachtete Einheit ein Fehler ist, braucht für die zugehörige übergeordnete Einheit kein Fehler zu sein. Siehe z.B. Annahmezahl (3.3.1).

**Anmerkung 2:** Die Behandlung fehlerhafter Einheiten (1.6.3.2) ist ein wichtiges QS-Element (1.5.6.1) in QS-Systemen (1.5.6). Davon zu unterscheiden sind Korrekturmaßnahmen (3.3.7), die der Beseitigung von Fehlerursachen dienen.

**Anmerkung 3:** In Stichprobensystemen (3.2) zur Prüfung anhand qualitativer Merkmale (1.9.2) werden zur Betrachtung von Prüflosen (1.10.2.4) und zur Formulierung von Stichprobenanweisungen (3.2.1.1) als Qualitätslage (3.2.3) sowohl der *Anteil fehlerhafter Einheiten* (Anzahl fehlerhafter Einheiten/Anzahl der betrachteten Einheiten, meist ausgedrückt in %) als auch die *Anzahl Fehler je hundert Einheiten* benutzt. Diese Anzahl kann größer als 100 sein.

### 1.6.3.1 Klassifizierung fehlerhafter Einheiten (classification of nonconforming items)

Zuordnung einer fehlerhaften Einheit zur höchsten Fehlerklasse (siehe 1.6.1), zu der die Einheit nach einem ihrer Qualitätsmerkmale (1.9.3) gehört.

**Anmerkung:** Eine *Einheit mit kritischem Fehler* kann außer einem oder mehreren kritischen Fehlern (1.6.1.1) auch Hauptfehler (1.6.1.2) oder/und Nebenfehler (1.6.1.3) haben. Eine *Einheit mit Hauptfehlern* kann außer einem oder mehreren Hauptfehlern auch Nebenfehler haben, hat aber keinen kritischen Fehler. Eine *Einheit mit Nebenfehler* hat einen oder mehrere Nebenfehler, jedoch weder kritische noch Hauptfehler.

### 1.6.3.2 Behandlung fehlerhafter Einheiten (control of nonconforming product)

Die fehlerhafte Einheit (1.6.3) selbst betreffende Entscheidungen und Maßnahmen nach der Feststellung eines Fehlers (1.6).

**Anmerkung 1:** Beispiele für Entscheidungen sind Veranlassung von Nacharbeit (1.7.2.1) oder Einstufung der fehlerhaften Einheit als Ausschuß (1.7.2.2), Beispiel für eine Maßnahme ist die auffällige Kennzeichnung einer fehlerhaften Einheit sofort nach Feststellung des Fehlers.

**Anmerkung 2:** Die Behandlung fehlerhafter Einheiten ist zu unterscheiden von den Korrekturmaßnahmen (3.3.7).

### 1.7 Fehlprodukt (nonconforming product)

Fehlerhaftes Produkt (vgl. 1.6.3), das nicht oder nur unter Inkaufnahme von Mehrkosten oder Mindererlös verwendungsfähig ist.

**Anmerkung 1:** Mehrkosten können durch Nacharbeit (1.7.2.1) oder durch die Suche nach einem anderen Verwendungszweck bedingt sein. Der Mindererlös kann sich aus einem qualitätsbedingten Preisnachlaß oder daraus ergeben, daß das Fehlprodukt nicht wie ursprünglich geplant, sondern nur für ein geringeres Anspruchsniveau (1.3) verwendet werden kann.

**Anmerkung 2:** Mehrkosten können auch durch einen unnötig großen Materialverbrauch bei der Realisierung des Produkts entstanden sein, der als fehlerhaft beanstandet wurde.

**Anmerkung 3:** Beim Verkauf für einen anderen Verwendungszweck ergibt sich in der Regel ein Mindererlös. Die Differenz zwischen geplantem und tatsächlichem Erlös sollte den Fehlerkosten (vgl. 1.5.7.2) hinzugerechnet werden.

### 1.7.1 Qualitätsplanungsbedingtes Fehlprodukt

Fehlprodukt, bei dem zwar die Qualitätsforderung (1.4) in der Fertigung oder Montage erfüllt worden ist, bei dem aber diese Forderung selbst angesichts der vom Abnehmer beabsichtigten Nutzung des Produkts nicht geeignet war.

**Anmerkung 1:** Ursachen für ein qualitätsplanungsbedingtes Fehlprodukt können eine ungeeignete externe Qualitätsplanung (siehe 1.5.6.5) oder auch eine unrichtige Weitergabe von technischen Auftragsdaten auf dem Informationsweg vom Abnehmer zum Lieferer oder anderes sein.

**Anmerkung 2:** Die Kosten dieses Fehlprodukts sind Fehlerkosten, wenn das Ziel der Fertigung der Verkauf oder die Weiterverarbeitung war, stets also Qualitätskosten (1.5.7.2).

### 1.7.2 Fertigungs- oder montagebedingtes Fehlprodukt

Fehlprodukt, bei dem die Qualitätsforderung (1.4) in der Fertigung oder Montage im ersten planmäßigen Durchgang nicht erfüllt wurde.

#### 1.7.2.1 Nacharbeit (rework)

Alle Tätigkeiten, um bei einem fertigungs- oder montagebedingten Fehlprodukt nachträglich die Qualitätsforderung (1.4) zu erfüllen, oder um diese Qualitätsforderung selbst erst nachträglich für die vom Abnehmer beabsichtigte Nutzung geeignet zu machen und dann zu erfüllen.

**Anmerkung 1:** Die Bedeutung von Nacharbeit für die betriebliche Abwicklung geht wegen der Störung des planmäßigen Fertigungsablaufs meist weit über die Kosten der Nacharbeit hinaus.

**Anmerkung 2:** Alle qualitätsbedingten, nicht geplanten Prüf- und Sortierarbeiten sind ebenfalls Nacharbeit.

**Anmerkung 3:** Auch erfolglose Nacharbeit ist Nacharbeit. In diesem Fall entstehen neben den Arbeitskosten meist auch noch Ausschußkosten.

**Anmerkung 4:** Auch wenn sich die Tätigkeiten zur Nacharbeit auf bereits gelieferte Produkte beziehen, handelt es sich um Nacharbeit. Werden jedoch von einem Auftraggeber nachträglich zusätzliche Forderungen erhoben, so ist deren Erfüllung durch zusätzliche, ursprünglich nicht vorgesehene Arbeit keine Nacharbeit. Dann handelt es sich um die Durchführung eines zusätzlichen Auftrags (Mehrarbeit).

**Anmerkung 5:** Alle Nacharbeitskosten sind Fehlerkosten.

#### 1.7.2.2 Ausschuß (scrap; waste)

Fertigungs- oder montagebedingtes Fehlprodukt, bei dem die Qualitätsforderung (1.4) auch nachträglich durch Nacharbeit (1.7.2.2) nicht erfüllt werden kann oder soll, und das für einen anderen Verwendungszweck unter angemessenen Umständen nicht verwendet werden kann.

**Anmerkung 1:** Die Bedeutung von Ausschuß für die betriebliche Abwicklung geht wegen der Störung des planmäßigen Fertigungsablaufs meist weit über die Ausschußkosten hinaus.

**Anmerkung 2:** Produkte, bei denen die Qualitätsforderung (1.4) erfüllt ist, die jedoch dennoch nicht verwendet werden können, sind nicht Ausschuß im Sinn der obigen Definition, sondern Fehlprodukte aus anderem Grund.

**Anmerkung 3:** Ausschußkosten einschließlich Abfall (1.8) sind Fehlerkosten.

### 1.7.3 Lagerungs- oder transportbedingtes Fehlprodukt

Fehlprodukt infolge der Beeinträchtigung seiner ursprünglich zufriedenstellenden Qualität (1.5) durch normalerweise nicht erwartbare Einflüsse während Lagerung oder Transport.

**Anmerkung 1:** Jede teilweise oder vollständige Zerstörung eines Produkts infolge unsachgemäßen Transports oder ungeeigneter Lagerung führt demnach zu einem lagerungs- oder transportbedingten Fehlprodukt.

**Anmerkung 2:** Nicht als lagerungs- oder transportbedingtes Fehlprodukt ist ein Produkt zu betrachten, bei dem das Haltbarkeitsdatum überschritten ist.

**Anmerkung 3:** Ursache für das Entstehen dieses Fehlprodukts kann z.B. untaugliche Planungsqualität für Lagerung, Transport oder Verpackung sein.

**Anmerkung 4:** Die Kosten dieses Fehlprodukts sind Fehlerkosten.

### 1.7.4 Bedarfsbedingtes Fehlprodukt

Fehlprodukt, bei dem die Qualitätsforderung (1.4) sowohl dem Nutzungszweck entsprach als auch in der Fertigung erfüllt wurde, für das aber ein Bedarf nicht oder nicht mehr oder nicht im Umfang des bestehenden Vorrats besteht.

**Anmerkung:** Frühere Bezeichnungen für ein bedarfsbedingtes Fehlprodukt waren z.B. *„Ladenhüter"* oder „unbrauchbares Material".

### 1.7.5 Sonstiges Fehlprodukt

Fehlprodukt, das nicht in den Definitionsbereich der in den Nummern 1.7.1 bis 1.7.4 aufgeführten Begriffe gehört.

## 1.8 Abfall

Teilmenge verbrauchter Fertigungsstoffe, die nicht Bestandteil des fertigen Produkts wird.

**Anmerkung:** Fertigungsstoffe sind als Bestandteil des Produkts geplant, Fertigungshilfsstoffe hingegen nicht.

### 1.8.1 Unvermeidbarer Abfall

Unvermeidbare Teilmenge verbrauchter Fertigungsstoffe bei ordnungsgemäßem Ablauf einer gut geplanten Fertigung, die nicht Bestandteil des fertigen Produkts wird.

#### 1.8.1.1 Qualitätsbedingter Abfall

Diejenige Teilmenge verbrauchter Fertigungsstoffe, die wegen der Qualitätssicherung (1.5.6.4) unvermeidbar nicht Bestandteil des fertigen Produkts wird.

**Anmerkung 1:** Unvermeidbar sind beispielsweise bei Werkstoffprüfungen verbrauchte Fertigungsstoffe oder die erfahrungsgemäß mindestens erforderlichen Anfahr- oder Auslauf-Enden.

**Anmerkung 2:** Teilmengen eines Produkts, bei denen eine nicht zufriedenstellende Qualität nicht zwangsläufig ist, sondern vermeidbar wäre, sind nicht qualitätsbedingter Abfall. Sie benötigen Nacharbeit (1.7.2.1) oder sind Ausschuß (1.7.2.2). Die betreffenden Kosten sind Fehlerkosten.

### 1.8.2 Vermeidbarer Abfall

Differenz zwischen dem insgesamt festgestellten und dem unvermeidbaren Abfall.

**Anmerkung:** Es läßt sich meist leicht feststellen, wieviel Abfall insgesamt entsteht. Dessen zeitabhängiges Minimum ist ein Indikator für den unvermeidbaren Abfall. Es gibt viele Ursachen für vermeidbaren Abfall.

## 1.9 Merkmal (characteristic)

Eigenschaft zum Erkennen oder zum Unterscheiden von Einheiten (1.1).

**Anmerkung 1:** Die DIN-Definition 1986 lautet: „Eigenschaft, die das Unterscheiden von Einheiten einer Grundgesamtheit ermöglicht".

**Anmerkung 2:** Der Merkmalsbegriff der Gemeinsprache ist nicht eingeschränkt auf Eigenschaften, die das „Unterscheiden von Einheiten einer Grundgesamtheit" ermöglichen. Vielmehr gestatten Merkmale auch das Erkennen einzelner Einheiten. Außerdem gibt es *artbestimmende Eigenschaften*, die für jede Einheit einer Grundgesamtheit (1.10) oder einer Teilgesamtheit (1.10.1) gleich sind. Vorwiegend sind dies qualitative Merkmale (1.9.2). Alle diese Gründe führen – voraussichtlich auch in der nationalen und internationalen Normung – zu einer Erweiterung des Merkmalsbegriffs. Dem trägt die Abweichung der obigen Definition von der DIN-Definition 1986 Rechnung.

**Anmerkung 3:** Durch die Eigenschaft selbst oder/und die Art ihrer Feststellung ist die Menge der Merkmalswerte als *Wertebereich des Merkmals* festgelegt. Die Merkmalswerte denkt man sich auf einer Skala angeordnet.

**Anmerkung 4:** Die nachfolgenden Merkmalsbegriffe (bis 1.9.6.7) betreffen immer nur ein Einzelmerkmal, dem ein Einzelwert zugeordnet ist (univariater Fall). Bei mehreren zusammenhängenden Einzelmerkmalen, die unter einer einzigen Merkmalsbenennung zusammengefaßt sein können, und denen Wertetupel zugeordnet sind (multivariater Fall), sind diese Merkmalsbegriffe auf jedes Einzelmerkmal getrennt anwendbar, beispielsweise auf jede Komponente eines Vektors. Einzige Ausnahme ist das Quantil (1.9.4.2), das als (vorgegebener oder festgestellter) Merkmalswert immer einem vorgegebenen Verteilungsanteil (siehe 1.9.5.17) zugeordnet ist.

### 1.9.1 Quantitatives Merkmal (quantitative characteristic)

Merkmal, dessen Werte einer Skala zugeordnet sind, auf der Abstände definiert sind.

**Anmerkung 1:** Diese Skala heißt *„Metrische Skala"* oder *„Kardinalskala"*. Auf ihr sind entweder nur Abstände definiert (*„Intervallskala"*) oder zusätzlich auch Verhältnisse, die einen empirischen Sinn haben (*„Verhältnisskala"*). Z.B. haben auf der Temperaturskala nach Celsius nur Abstände empirischen Sinn, während auf der Kelvin-Temperaturskala zusätzlich auch Verhältnisse empirischen Sinn haben.

**Anmerkung 2:** Nach ihrem Wertebereich werden „stetige Merkmale" und „diskrete Merkmale" unterschieden.

**Anmerkung 3:** Ein quantitatives Merkmal wird dadurch in ein qualitatives Merkmal verwandelt, daß nur noch festgestellt wird, ob der Istwert in einem vorgegebenen Wertebereich liegt (der zum Wertebereich des Merkmals gehört).

**Anmerkung 4:** Wird die Benennung *„Größe"* als Synonym für „Quantitatives Merkmal" benutzt, so wird die Größe in einem weiteren Sinn verstanden als in DIN 1313, wo physikalische Größen behandelt sind.

### 1.9.1.1 Stetiges Merkmal (continuous characteristic)

Quantitatives Merkmal, dessen Wertebereich überabzählbar unendlich ist.

**Anmerkung 1:** Eine Menge ist dann überabzählbar unendlich, wenn zu ihrer Durchnumerierung die Menge der natürlichen Zahlen nicht ausreicht (z.B. ist die Menge der reellen Zahlen überabzählbar unendlich).

**Anmerkung 2:** Statistische Auswertungsverfahren zu dieser Merkmalsart finden sich in DIN 53804 Teil 1.

**Anmerkung 3:** Die Benennungen *„meßbares Merkmal"* und *„Variablenmerkmal"* werden nicht empfohlen.

**Anmerkung 4:** Bisher auch „kontinuierliches Merkmal".

### 1.9.1.2 Diskretes Merkmal (discrete characteristic)

Quantitatives Merkmal, dessen Wertebereich endlich oder abzählbar unendlich ist.

**Anmerkung 1:** *Zählmerkmale* sind spezielle diskrete Merkmale, deren Wertebereich die Menge der natürlichen Zahlen einschließlich der Null (0, 1, 2,...) oder eine Teilmenge dieser Menge ist. Der ermittelte (festgestellte, beobachtete, gemessene) Merkmalswert eines Zählmerkmals heißt *„Zählwert"*.

**Anmerkung 2:** Statistische Auswertungsverfahren zu Zählmerkmalen finden sich in DIN 53804 Teil 2.

**Anmerkung 3:** Siehe Anmerkung 1 zu 1.9.1.1.

**Anmerkung 4:** Die Benennung *„zählbares Merkmal"* wird nicht empfohlen.

### 1.9.2 Qualitatives Merkmal (qualitative characteristic)

Merkmal, dessen Werte einer Skala zugeordnet sind, auf der keine Abstände definiert sind.

**Anmerkung 1:** Diese Skala heißt *„Topologische Skala"*.

**Anmerkung 2:** Es ist sinnvoll und vielfach üblich, Merkmalswerte von qualitativen Merkmalen mit einer Schlüsselnummer zu kennzeichnen, also mit Zahlen. Dadurch wird jedoch den Werten dieses qualitativen Merkmals keine Skala zugeordnet, auf der Abstände definiert sind. Das qualitative Merkmal wird also durch eine Benummerung der Merkmalswerte nicht in ein quantitatives Merkmal umgewandelt.

**Anmerkung 3:** Die Benennungen „Attributmerkmal" oder „attributives Merkmal" werden nicht empfohlen.

### 1.9.2.1 Ordinalmerkmal (ordinal characteristic)

Qualitatives Merkmal, für dessen Werte eine Ordnungsbeziehung besteht.

**Anmerkung 1:** Die topologische Skala (siehe Anmerkung 1 zu 1.9.2) heißt *„Ordinalskala"*.

**Anmerkung 2:** Statistische Auswertungsverfahren zu dieser Merkmalsart finden sich in DIN 53 804 Teil 3.

**Anmerkung 3:** Merkmalswerte eines Ordinalmerkmals können nur in einer einzigen Ordnung (im Sinne einer Aufeinanderfolge) auf der Ordinalskala angeordnet werden. Die Abstände sind beliebig wählbar, z.B. durch Kennzeichnung jedes Merkmalswertes mit einer Schlüsselnummer. Siehe aber die Anmerkung 2 zu 1.9.2.

**Anmerkung 4:** Die Ordnungsbeziehung besteht in den Beziehungen „größer als", „gleich", „kleiner als". Beispielsweise sind die drei möglichen Beobachtungswerte einer Grenzlehre „Maß im Toleranzbereich", „Maß zu groß" und „Maß zu klein" einer Ordinalskala zugeordnet.

**Anmerkung 5:** Die Merkmalswerte von Ordinalmerkmalen werden häufig auch *„Noten"* genannt.

### 1.9.2.2 Nominalmerkmal (nominal characteristic)

Qualitatives Merkmal, für dessen Werte keine Ordnungsbeziehung besteht.

**Anmerkung 1:** Die topologische Skala (siehe Anmerkung 1 zu 1.9.2) heißt *„Nominalskala"*.

**Anmerkung 2:** Weil keine Ordnungsbeziehung besteht, kann man nur „gleich" oder „ungleich" erkennen. Deshalb ist auch jede beliebige Anordnung der Werte wählbar. Beispielsweise sind die Erdbeerfarben „grün", „weiß" und „rot" einer Nominalskala zugeordnet. Ein weiteres Beispiel ist die Zuordnung eines Ziffernschlüssels zu Berufsgruppen für eine Berufsgruppenstatistik.

**Anmerkung 3:** Ein Nominalmerkmal mit nur zwei möglichen Merkmalswerten heißt *„dichotomes Merkmal"*, *„Binärmerkmal"* oder *„Alternativmerkmal"*.

**Anmerkung 4:** Statistische Auswertungsverfahren zu dieser Merkmalsart finden sich in DIN 53 804 Teil 4.

**Anmerkung 5:** Die Benennung *„klassifikatorisches Merkmal"* wird nicht empfohlen.

### 1.9.3 Qualitätsmerkmal (quality characteristic)

Die Qualität (1.5) mitbestimmendes Merkmal (1.9).

**Anmerkung 1:** Nach ihrer Bedeutung unterscheidet man vielfach Klassen von Qualitätsmerkmalen. Es ist empfehlenswert, diese Klassen entsprechend der Fehlerklassifizierung (1.6.1) zu wählen.

**Anmerkung 2:** Ein Qualitätsmerkmal sowie seine Werte dürfen weder als „Qualität“ (1.5) noch als „Qualitätselement“ (1.5.3) bezeichnet werden.

**Anmerkung 3:** Qualitätsmerkmale sind häufig auch Prüfmerkmale (3.1).

### 1.9.3.1 Zuverlässigkeitsmerkmal

Die Zuverlässigkeit (1.5.1) mitbestimmendes Qualitätsmerkmal.

**Anmerkung:** Die Anmerkungen zu Nr. 1.9.3 gelten sinngemäß.

### 1.9.4 Merkmalswert (characteristic value)

Wert eines quantitativen oder qualitativen Merkmals.

**Anmerkung 1:** Der Merkmalswert ist ein Element aus der stochastisch angeordnet gedachten Menge aller Ausprägungsmöglichkeiten des Merkmals. Diese Menge kennzeichnet den *Wertebereich des Merkmals,* beispielsweise anhand einer Verteilungsfunktion (2.5.3.5).

**Anmerkung 2:** Früher auch *„Merkmalsausprägung“*.

### 1.9.4.1 Abweichung (deviation)

**Allgemein:**

Unterschied zwischen einem Merkmalswert (1.9.4) (oder einem dem Merkmal (1.9) zugeordneten Wert) und einem Bezugswert.

**Bei einem quantitativen Merkmal** (1.9.1):

Merkmalswert (oder ein dem Merkmal zugeordneter Wert) minus Bezugswert.

**Anmerkung 1:** Bei quantitativen Merkmalen wird häufig der *Abweichungsbetrag* benutzt. Ein Beispiel für Abweichungsgrenzbeträge sind die *Fehlergrenzen* (siehe DIN 1319 Teil 3).

**Anmerkung 2:** Begriffe zu *Ergebnisabweichungen:* Siehe DIN 55 350 Teil 13.

### 1.9.4.2 Quantil (quantile)

**Allgemein für eine Verteilungsfunktion:**

Wert, für den die Verteilungsfunktion (2.5.3.5) einen vorgegebenen Wert p annimmt, oder bei dem sie von einem Wert unter oder gleich p auf einen Wert über p springt.

**Bei einem stetigen Merkmal** (1.9.1.1):

Merkmalswert (1.9.4), *unter* dem (diesen eingeschlossen) ein vorgegebener Anteil der Merkmalswerte einer Verteilung liegt.

**Anmerkung 1:** Das Quantil hat die Dimension des Merkmalswertes.

**Anmerkung 2:** Stets ist der Anteil von Merkmalswerten der Verteilung *unter* diesem Merkmalswert (diesen eingeschlossen) vorgegeben. Sowohl bei einem festgestellten als auch bei einem vorgegebenen Quantil ist die Existenz einer wirklichen oder einer gedachten Verteilung Voraussetzung. Also ist

- ein *vorgegebenes Quantil* ein zu einem vorgegebenen Verteilungsanteil vorgegebener Merkmalswert, z.B. ein Mindestquantil (1.9.5.15),
- ein *festgestelltes Quantil* ein zu einem vorgegebenen Verteilungsanteil *festgestellter* Merkmalswert, z.B. ein Istquantil.

### 1.9.5 Vorgegebener Merkmalswert (specified characteristic value)

Als Element einer Qualitätsforderung (1.4) dienende Einzelforderung.

**Anmerkung 1:** Für die Qualitätssicherung ist die Unterscheidung von vorgegebenen Merkmalswerten und festgestellten Merkmalswerten (1.9.6) von Bedeutung.

**Anmerkung 2:** Wird die Vorsilbe „Nenn-“, „Soll-“, „Richt-“, „Grenz-“, „Höchst-“, „Mindest-“ oder „Bemessungs-“ in Verbindung mit der Benennung eines Größenwertes gebraucht, so wird darunter immer der dieser Vorsilbe entsprechende Wert dieser Größe im Sinn der jeweils nachfolgend gegebenen Definition verstanden. Beispiel: Bemessungstemperatur.

**Anmerkung 3:** Auf die Festlegung von vorzugebenden Merkmalswerten kann sich auswirken, daß jeder Beobachtungswert, Istwert oder Meßwert, eingeschlossen Quantile und Verteilungsanteile, mit einer von Beobachtungs- bzw. Meßabweichungen (3.5.3) herrührenden Unsicherheit behaftet ist.

**Anmerkung 4:** Sollwerte (1.9.5.2) sind spezielle vorgegebene Merkmalswerte. Daher sollen die im Rahmen einer Qualitätsforderung (1.4) vorgegebenen Merkmalswerte *nicht* als „Sollwerte“ bezeichnet werden. Mißverständlich ist deshalb auch die Bezeichnung *„Soll-Ist-Vergleich“* für den Vergleich von Istwerten mit vorgegebenen Merkmalswerten. Richtig ist *„Plan-Ist-Vergleich“*.

#### 1.9.5.1 Nennwert (nominal value)

Wert einer Größe zur Gliederung des Anwendungsbereichs.

**Anmerkung 1:** Der Nennwert wird oft unter Verwendung einer gerundeten Zahl ausgedrückt.

**Anmerkung 2:** Ist ein Nennwert vorgegeben, können Grenzabweichungen (1.9.5.8) oder Abweichungsgrenzbeträge (1.9.5.11) auf ihn bezogen werden. Bei Längenmaßen heißen Grenzabweichungen, die auf das Nennmaß bezogen sind, „Grenzabmaße“ (siehe DIN 7182 Teil 1).

**Anmerkung 3:** Die inhaltsgleiche Nennwert-Definition aus DIN 40200 lautet: „Geeigneter gerundeter Wert einer Größe zur Bezeichnung oder zur Identifizierung eines Elements, einer Gruppe oder einer Einrichtung“. Diese Definition enthält die obige Anmerkung 1.

**Anmerkung 4:** Vom Nennwert zu unterscheiden ist der *Bemessungswert* (rated value). Er ist nach DIN 40200 „ein für eine vorgegebene Betriebsbedingung geltender Wert einer Größe, der im allgemeinen vom Hersteller für ein Element, eine Gruppe oder eine Einrichtung festgelegt wird“. Bemessungwert und Nennwert können zusammenfallen.

#### 1.9.5.2 Sollwert (desired value)

Wert einer Größe, von dem die Istwerte (1.9.6.2) dieser Größe so wenig wie möglich abweichen sollen.

**Anmerkung 1:** Zu einem Sollwert gehören in der Regel Grenzwerte (1.9.5.4).

**Anmerkung 2:** Sollwert und Nennwert (1.9.5.1) können zusammenfallen.

### 1.9.5.3 Richtwert (standard value)

Wert einer Größe, dessen Einhaltung durch die Istwerte empfohlen wird, ohne daß Grenzwerte (1.9.5.4) vorgegeben sind.

### 1.9.5.4 Grenzwert (limiting value)

Mindestwert (1.9.5.5) oder Höchstwert (1.9.5.6).

**Anmerkung 1:** Bei Größen mit dem Sollwert Null (z.B. *Unsymmetriegrößen*) genügt es meist, einen *Grenzbetrag* (1.9.5.7) vorzugeben.

**Anmerkung 2:** Bei multivariaten Größen können Grenzwerte einzeln für jede Komponente vorgegeben sein und außerdem voneinander abhängen.

**Anmerkung 3:** Bei Längenmaßen heißt der Grenzwert *„Grenzmaß"* (siehe DIN 7182 Teil 1).

**Anmerkung 4:** *„Toleranzgrenze"* wird als Synonym für „Grenzwert" nicht empfohlen, weil die Benutzung zu Verwechslungen führt.

### 1.9.5.5 Mindestwert (lower limiting value)

Kleinster zugelassener Wert einer Größe.

**Anmerkung 1:** Wird ein Höchstanteil (1.9.5.18) von Istwerten (1.9.6.2) einer Verteilung von mehr als null Prozent *unter* dem Mindestwert (diesen eingeschlossen) zugelassen, verwandelt sich der Mindestwert in ein Mindestquantil (1.9.5.15), weil Werte zugelassen sind, die kleiner sind als der Mindestwert.

**Anmerkung 2:** Bei Längenmaßen wird der Mindestwert *„Mindestmaß"* genannt (siehe DIN 7182 Teil 1). Vgl. Anmerkung 2 zu vorgegebener Merkmalswert (1.9.5).

### 1.9.5.6 Höchstwert (upper limiting value)

Größter zugelassener Wert einer Größe.

**Anmerkung 1:** Wird ein Mindestanteil (1.9.5.19) von Istwerten (1.9.6.2) einer Verteilung von weniger als hundert Prozent *unter* dem Höchstwert (diesen eingeschlossen) gefordert, verwandelt sich der Höchstwert in ein Höchstquantil (1.9.5.15), weil Werte zugelassen sind, die größer sind als der Höchstwert.

**Anmerkung 2:** Bei Längenmaßen wird der Höchstwert *„Höchstmaß"* genannt (siehe DIN 718 Teil 1). Vgl. Anmerkung 2 zu vorgegebener Mekmalswert (1.9.5).

### 1.9.5.7 Grenzbetrag

Betrag des Mindestwertes (1.9.5.5) und Höchstwertes (1.9.5.6), wenn sich beide nur durch das Vorzeichen unterscheiden.

**Anmerkung 1:** Ein Grenzbetrag wird vor allem bei Größen mit dem Sollwert (1.9.5.2) Null vorgegeben, z.B. bei *Unsymmetriegrößen* (siehe Anmerkung 2 bei „zentrierte Zufallsgröße" (2.3.1.1)).

**Anmerkung 2:** Ein für Abweichungen (1.9.4.1) vorgegebener Grenzbetrag hat die Benennung „Abweichungsgrenzbetrag" (1.9.5.11).

**1.9.5.8 Grenzabweichung** (limiting deviation)
Untere Grenzabweichung (1.9.5.9) oder obere Grenzabweichung (1.9.5.10)

**Anmerkung 1:** Bezugswert für eine Grenzabweichung ist der Nennwert (1.9.5.1) oder der Sollwert (1.9.5.2). Sind Zweifel möglich, welcher Bezugswert verwendet ist, so ist dieser anzugeben.

**Anmerkung 2:** Bei Längenmaßen heißt die Grenzabweichung *„Grenzabmaß"* (siehe DIN 7182 Teil 1). Vgl. Anmerkung 2 zu vorgegebener Merkmalswert (1.9.5.).

**Anmerkung 3:** Es ist unrichtig, betragsmäßig gleiche Grenzabweichungen als „Plusminus-Toleranz" oder als „höchstzulässige Abweichung ±A" zu bezeichnen. Richtig sind die Benennungen „Grenzabweichungen ±A", „Betrag A der Grenzabweichungen" oder „Abweichungsgrenzbetrag A" (1.9.5.11).

**1.9.5.9 Untere Grenzabweichung** (lower limiting deviation)
Mindestwert (1.9.5.5) minus Bezugswert.

**Anmerkung 1:** Siehe Anmerkung 1 zu Grenzabweichung (1.9.5.8).

**Anmerkung 2:** Es ist unrichtig, die untere Grenzabweichung als „Minus-Toleranz" zu bezeichnen.

**1.9.5.10 Obere Grenzabweichung** (upper limiting deviation)
Höchstwert (1.9.5.6) minus Bezugswert.

**Anmerkung 1:** Siehe Anmerkung 1 zu Grenzabweichung (1.9.5.8).

**Abweichung 2:** Es ist unrichtig, die obere Grenzabweichung als „Plus-Toleranz" zu bezeichnen.

**1.9.5.11 Abweichungsgrenzbetrag**
Betrag für die untere Grenzabweichung (1.9.5.9) und/oder die obere Grenzabweichung (1.9.5.10).

**Anmerkung:** Für die untere Grenzabweichung und für die obere Grenzabweichung können – anders als beim Grenzbetrag (1.9.5.7) – unterschiedliche Beträge vorgegeben sein. Ein Beispiel aus der Meßtechnik ist eine von der oberen Fehlergrenze verschiedene untere Fehlergrenze (siehe DIN 1319 Teil 3). In einem solchen Fall werden die unterschiedlichen Abweichungsgrenzbeträge als *„Oberer Abweichungsgrenzbetrag"* und als *„Unterer Abweichungsgrenzbetrag"* bezeichnet.

**1.9.5.12 Toleranz** (tolerance)
Höchstwert (1.9.5.6) minus Mindestwert (1.9.5.5.), und auch obere Grenzabweichung (1.9.5.10) minus untere Grenzabweichung (1.9.5.9).

**Anmerkung 1:** Eine *Prozeßtoleranz* ist die Toleranz für ein Merkmal eines Prozesses. Die Toleranz für ein Merkmal des Prozeßergebnisses ist keine Prozeßtoleranz. Zu einem Prozeß können auch Tätigkeiten von Personen gehören. Die Prozeßtoleranz eines Fertigungsprozesses wird auch *„Fertigungstoleranz"* genannt. Auch sie betrifft nicht das Ergebnis der Fertigung, also nicht das mit dem Fertigungsprozeß realisierte materielle Produkt.

**Anmerkung 2:** Sind Zweifel möglich, zu welchem Merkmal die Toleranz gehört, so sollte die Benennung um ein Bestimmungswort ergänzt werden. Beispiele sind „Maßtoleranz", „Temperaturtoleranz", „Drucktoleranz".

**Anmerkung 3:** Eine Toleranz ist ein vorgegebener Wert. Er hat keine Grenze.

**1.9.5.13 Toleranzbereich** (tolerance zone)
Bereich zugelassener Werte zwischen Mindestwert (1.9.5.5) und Höchstwert (1.9.5.6).

**Anmerkung 1:** Der Toleranzbereich ist bestimmt durch die Toleranz und durch seine Lage zum Bezugswert, z.B. durch die Abweichung eines der beiden Grenzwerte oder des Mittenwertes vom Nennwert (1.9.5.1) oder Sollwert (1.9.5.2).

**Anmerkung 2:** *Mittenwert* des Toleranzbereichs ist der „arithmetische Mittelwert aus Mindestwert und Höchstwert". Vielfach stimmt der Mittenwert mit dem gedachten oder mit dem vorgegebenen Sollwert (1.9.5.2) überein.

**1.9.5.14 Grenzquantil** (limiting quantile)
Mindestquantil (1.9.5.15) oder Höchstquantil (1.9.5.16).

**Anmerkung:** Für jedes zusammengehörige Paar von Mindestquantil und Höchstquantil, das zur Eingrenzung einer als symmetrisch vorausgesetzten und gewünschten Verteilung durch abgestufte Grenzwerte (1.9.5.20) vorgegeben wird, ist die Summe der zugehörigen Grenzanteile (1.9.5.17) hundert Prozent.

**1.9.5.15 Mindestquantil** (lower limiting quantile)
Kleinstes zugelassenes Quantil.

**Anmerkung 1:** Ein Beispiel für ein Mindestquantil ist eine Mindestwanddicke 1,00 mm bei einem vorgegebenen Verteilungsanteil von 10 Prozent. *Unter* 1,00 mm ist folglich ein Höchstanteil (1.9.5.18) 10 Prozent von Wanddickenwerten zugelassen.

**Anmerkung 2:** Wird ein Höchstanteil von null Prozent der Merkmalswerte einer Verteilung *unter* dem Mindestquantil zugelassen, verwandelt sich dieses Mindestquantil dadurch in einen Mindestwert (1.9.5.5), weil dieser dann der kleinste zugelassene Wert ist.

**1.9.5.16 Höchstquantil** (upper limiting quantile)
Größtes zugelassenes Quantil.

**Anmerkung 1:** Ein Beispiel für ein Höchstquantil ist eine Höchstwanddicke 1,20 mm bei einem vorgegebenen Verteilungsanteil von 90 Prozent. *Unter* 1,20 mm ist folglich ein Mindestanteil (1.9.5.19) 90 Prozent von Wanddickenwerten gefordert.

**Anmerkung 2:** Wird ein Mindestanteil von hundert Prozent der Merkmalswerte einer Verteilung *unter* dem Höchstquantil gefordert, verwandelt sich dieses Höchstquantil dadurch in einen Höchstwert (1.9.5.6), weil dieser dann der größte zugelassene Wert ist.

**1.9.5.17 Grenzanteil** (limiting proportion)
Höchstanteil (1.9.5.18) oder Mindestanteil (1.9.5.19).

**Anmerkung:** Die Summe von Höchstanteil und Mindestanteil für jedes zusammengehörige Paar von Mindestquantil und Höchstquantil, das zur Eingrenzung einer als symmetrisch vorausgesetzten und gewünschten Verteilung durch abgestufte Grenzwerte (1.9.5.20) vorgegeben wird, ist hundert Prozent.

### 1.9.5.18 Höchstanteil (upper limiting proportion)

Größter zugelassener Anteil der Merkmalswerte einer Verteilung *unter* dem Mindestquantil (1.9.5.15).

**Anmerkung 1:** Der Höchstanteil ist in der Quantildefinition (1.9.4.2) der „vorgegebene Anteil der Merkmalswerte einer Verteilung".

**Anmerkung 2:** Ein Höchstanteil ist einem Mindestquantil (1.9.5.15) zugeordnet. Bei diesem Mindestquantil darf er durch den Anteil der Merkmalswerte der Verteilung *unter* dem Mindestquantil (dieses eingeschlossen) nicht überschritten werden.

### 1.9.5.19 Mindestanteil (lower limiting proportion)

Kleinster geforderter Anteil der Merkmalswerte einer Verteilung *unter* dem Höchstquantil (1.9.5.16).

**Anmerkung 1:** Der Mindestanteil ist in der Quantildefinition (1.9.4.2) der „vorgegebene Anteil der Merkmalswerte einer Verteilung".

**Anmerkung 2:** Ein Mindestanteil ist einem Höchstquantil (1.9.5.16) zugeordnet. Bei diesem Höchstquantil darf er durch den Anteil der Merkmalswerte der Verteilung *unter* dem Höchstquantil (dieses eingeschlossen) nicht unterschritten werden.

### 1.9.5.20 Abgestufter Grenzwert (stepped limiting value)

Aus einer Folge von Grenzquantilen (1.9.5.14) aufgebauter mehrstufiger Grenzwert mit zugehörigen Grenzanteilen (1.9.5.17).

**Anmerkung 1:** Die Bezeichnung „abgestufter Grenzwert" ist aus seiner Darstellung im Wahrscheinlichkeitsnetz (3.4.2) entstanden.

**Anmerkung 2:** Sonderfall eines abgestuften Grenzwertes ist ein einzelnes Mindestquantil (1.9.5.15) oder ein einzelnes Höchstquantil (1.9.5.16). Dann existiert (im Wahrscheinlichkeitsnetz) nur eine einzige Stufe.

**Anmerkung 3:** Praxisüblich sind einfache, zweifache und dreifache Abstufungen. Eine einfache Abstufung gestattet die Berücksichtigung kleiner Unterschreitungs- oder Überschreitungsanteile bei Grenzwerten, z.B. in einer Serienfertigung, ersteres durch die Zulassung kleiner *Unter*schreitungsanteile, letzteres durch die Forderung großer *Unter*schreitungsanteile. Mehrfache Abstufungen ermöglichen die ein- oder zweiseitige Eingrenzung der Kennwerte für Lage und Streuung einer Verteilung, bei Feinabstufung auch für deren Form.

### 1.9.5.21 Abgestufter Mindestwert (stepped lower limiting value)

Abfallende Folge von Mindestquantilen (1.9.5.15) mit zugehöriger abfallender Folge von Höchstanteilen (1.9.5.18).

**Anmerkung:** Den Mindestquantilen mit ihren Höchstanteilen sind im Fall statistischer Qualitätsprüfung (3.1.15) oft Annahmefaktoren (3.3.3) zugeordnet.

**1.9.5.22 Abgestufter Höchstwert** (stepped upper limiting value)
Ansteigende Folge von Höchstquantilen (1.9.5.16) mit zugehöriger ansteigender Folge von Mindestanteilen (1.9.5.19).

> **Anmerkung:** Den Höchstquantilen mit ihren Mindestanteilen sind im Fall statistischer Qualitätsprüfung (3.1.15) oft Annahmefaktoren (3.3.3) zugeordnet, wobei die Komplemente zu Eins der Mindestanteile maßgebend sind. Diese sind meist klein und bei bestehenden Spezifikationen oft als „zugelassene Überschreitungsanteile" anstelle der üblicherweise zu fordernden Mindestanteile, also der mindestens geforderten *Unter*schreitungsanteile, festgelegt.

**1.9.5.23 Abgestufte Toleranz** (stepped tolerance)
Oberstes Höchstquantil des abgestuften Höchstwertes (1.9.5.22) minus unterstes Mindestquantil des abgestuften Mindestwertes (1.9.5.21)

> **Anmerkung:** Die Abstufungen der Grenzquantile sind also stets „nach innen" gerichtet.

**1.9.5.24 Abgestufter Toleranzbereich** (stepped tolerance zone)
Bereich zugelassener Werte zwischen einem abgestuften Mindestwert (1.9.5.21) und einem abgestuften Höchstwert (1.9.5.22).

> **Anmerkung:** Als abgestufte Toleranz (1.9.5.23) ist die Differenz zwischen dem obersten Höchstquantil und dem untersten Mindestquantil festgelegt.

**1.9.6 Festgestellter Merkmalswert** (identified characteristic value)
Durch die Anwendung eines merkmalsbezogenen Ermittlungsverfahrens festgestelltes Ermittlungsergebnis.

> **Anmerkung 1:** Wird die Vorsilbe „Beobachtungs-", „Extrem-" oder „Ist"- in Verbindung mit der Benennung eines Größenwertes gebraucht, so wird darunter immer der dieser Vorsilbe entsprechende Wert dieser Größe im Sinne der jeweils nachfolgend gegebenen Definition verstanden. Beispiel: Istquantil.

> **Anmerkung 2:** Jeder Beobachtungswert, Istwert und Meßwert, eingeschlossen Quantile und Verteilungsanteile, ist mit einer von Beobachtungs- bzw. Meßabweichungen herrührenden Unsicherheit behaftet. Diese kann sich auf den Vergleich der festgestellten Merkmalswerte mit den vorgegebenen Merkmalswerten (1.9.5) auswirken.

**1.9.6.1 Beobachtungswert** (observed value)
Als Ergebnis einer Beobachtung ermittelter Merkmalswert (1.9.4).

**1.9.6.2 Istwert** (actual value)
Beobachtungswert einer Größe.

> **Anmerkung 1:** Siehe Anmerkung 4 zu quantitatives Merkmal (1.9.1).

> **Anmerkung 2:** Die Beobachtung bei der Ermittlung des Istwertes ist eine Messung, oder es sind mehrere Messungen, z.B. eine Wiederholmeßreihe. Liegt nur eine einzige Messung zugrunde, spricht man von einem *„Einzelistwert"*.

**1.9.6.3 Extremwert** (extrem value)
Kleinster Einzelistwert (1.9.6.4) oder größter Einzelistwert (1.9.6.5) in einer Serie von Einzelistwerten, deren Umfang festliegt.

**Anmerkung:** Extremwerte haben in der Praxis oft die größte Zufallsstreuung.

**1.9.6.4 Kleinster Einzelistwert**
In einer in ihrem Umfang festgelegten Serie von Einzelistwerten der kleinste.

**Anmerkung:** Um Verwechslungen zwischen Extremwerten und Grenzwerten (1.9.5.4) zu vermeiden, wird davon abgeraten, für den kleinsten Einzelistwert die kürzere Benennung *„Kleinstwert"* zu benutzen.

**1.9.6.5 Größter Einzelistwert**
In einer in ihrem Umfang festgelegten Serie von Einzelistwerten der größte.

**Anmerkung:** Um Verwechslungen zwischen Extremwerten und Grenzwerten (1.9.5.4) zu vermeiden, wird davon abgeraten, für den größten Einzelistwert die kürzere Benennung *„Größtwert"* zu benutzen.

**1.9.6.6 Grenzwertabstand**
Istwert (1.9.6.2) minus Mindestwert (1.9.5.5) oder Höchstwert (1.9.5.6) minus Istwert.

**Anmerkung 1:** Der Istwert kann ein Einzelistwert, ein Mittelwert oder ein anderer charakteristischer Beobachtungswert sein.

**Anmerkung 2:** Ein negativer Grenzwertabstand zeigt, daß der Istwert den Mindestwert unterschreitet oder den Höchstwert überschreitet.

**Anmerkung 3:** Auch für einzelne Grenzquantile (1.9.5.14) können Grenzwertabstände festgestellt oder Mindest-Grenzwertabstände festgelegt werden.

**1.9.6.7 Sicherheitsabstand**
Grenzwertabstand (1.9.6.6) des arithmetischen Mittelwertes (2.4.4.1) minus vorgegebenes Vielfaches der Standardabweichung (2.4.7.3).

**Anmerkung:** Mit dem vorgegebenen Vielfachen werden die vermutete oder festgestellte Form der Häufigkeitsverteilung sowie der Annahmefaktor (3.3.3) berücksichtigt. Z.B. wird bei Normalverteilung und einem Annahmefaktor 2,0 als vorgegebenes Vielfaches der Standardabweichung die zweifache Standardabweichung festgelegt.

**1.10 Grundgesamtheit** (population)
Gesamtheit der in Betracht gezogenen Einheiten (1.1)

**Anmerkung 1:** *Umfang der Grundgesamtheit* ist die Anzahl der Einheiten in der Grundgesamtheit.

**Anmerkung 2:** Es ist zu unterscheiden zwischen gedachten Grundgesamtheiten, die unendlichen oder endlichen Umfang haben können, und wirklichen Grundgesamtheiten, die ausschließlich endlichen Umfang besitzen.

**Anmerkung 3:** Es ist unzweckmäßig, die Benennung „Gesamtheit" – wie bisher – als Synonym zu „Grundgesamtheit" zu verwenden.

**1.10.1 Teilgesamtheit** (subpopulation)
Teil einer Grundgesamtheit.

**Anmerkung:** Es kann sein, aber es muß nicht sein, daß sich die Teilgesamtheit von der Grundgesamtheit durch ein gemeinsames Merkmal oder durch mehrere gemeinsame Merkmale unterscheidet.

**1.10.2 Los** (lot)
Teilgesamtheit eines Produkts, die unter Bedingungen entstanden ist, die als einheitlich angesehen werden.

**Anmerkung 1:** Beim Produkt kann es sich z.B. um Rohmaterial, um Halbzeug oder um ein Endprodukt handeln.

**Anmerkung 2:** Das Los umfaßt nicht notwendigerweise jene ganze (andere) Teilgesamtheit des Produkts, die unter einheitlichen Bedingungen entstanden ist. Diese andere ganze Teilgesamtheit nennt man oft *„Charge"* oder *„Partie"*. Ein Los kann also einen kleineren, nie aber einen größen Umfang haben als eine Charge.

**1.10.2.1 Losumfang** (lot size)
Anzahl der Einheiten (1.1) im Los.

**1.10.2.2 Fertigungslos** (production lot)
Los, das aus einer fortlaufenden Fertigung stammt.

**Anmerkung:** Wird mit den Fertigungseinrichtungen zwischenzeitlich ein anderes Produkt gefertigt, kann eine nachfolgend wiederaufgenommene Fertigung des vorausgehend gefertigten Produkts nicht mehr als zum Fertigungslos gehörig betrachtet werden.

**1.10.2.3 Lieferlos** (delivery lot)
Ein oder mehrere Lose, die zu einem Zeitpunkt als Ganzes geliefert werden.

**Anmerkung:** Siehe Anmerkung zu Prüflos (1.10.2.4).

**1.10.2.4 Prüflos** (inspection lot)
Los, das zu einem Zeitpunkt als Ganzes zu einer Qualitätsprüfung (1.5.6.10) vorgestellt wird.

**Anmerkung:** Lieferlos und Prüflos können übereinstimmen, können sich aber auch unterscheiden. Z.B. kann ein Lieferlos in mehrere Prüflose unterteilt werden. Andererseits können mehrere Lieferlose dann in ein Prüflos zusammengefaßt werden, wenn sie unter Bedingungen entstanden sind, die als einheitlich angesehen werden.

**1.10.3 Bezugsgesamtheit** (standard population)
Grundgesamtheit (1.10) mit festgelegten Parametern (2.4) der Verteilung für Vergleichszwecke.

**1.10.4 Probenahme** (sampling)
Entnahme einer Probe oder einer Stichprobe (1.10.6) nach einem festgelegten Verfahren.

**1.10.5 Auswahleinheit** (sampling unit)
Einheit (1.1), die für Zwecke der Probenahme (1.10.4) gebildet und während der Probenahme als unteilbar angesehen wird.

**Anmerkung:** Als Auswahleinheiten werden oft natürliche Einheiten (1.10.5.1), Packungseinheiten (1.10.5.4) oder Transporteinheiten (1.10.5.5) gewählt. Bei *„Klumpenprobenahme"* und bei *„Mehrstufiger Probenahme"* bestehen die Auswahleinheiten hingegen aus Gruppen von Einheiten der Grundgesamtheit. Die Gruppen heißen auch *„Klumpen"*.

**1.10.5.1 Natürliche Einheit**
In einem Prozeß entstandenes, abgegrenztes Stück.

**Anmerkung:** Beispiele sind ein Apfel, eine Schraube, eine Glühlampe oder ein Fernsehempfangsgerät.

**1.10.5.2 Massenguteinheit**
Von einem Massengut abgeteilte Teilgesamtheit (1.10.1).

**Anmerkung:** Beispiele sind der flüssige oder der gasförmige Inhalt einer Flasche, der Inhalt eines Sackes oder das Ladegut eines Lastwagens, Güterwagens, Güterzuges, Schiffsbunkers oder Schiffes.

**1.10.5.3 Endlosguteinheit**
Von einem Endlosgut abgeteilte Teilgesamtheit (1.10.1).

**Anmerkung:** Beispiele sind die Teilgesamtheiten von Garn auf einer Garnspule, von Draht auf einer Drahtspule, von Blech auf einer Blechhaspel oder von Stoff auf einem Stoffballen.

**1.10.5.4 Packungseinheit**
Durch Verpacken abgeteilte Teilgesamtheit (1.10.1) von natürlichen Einheiten (1.10.5.1), Massenguteinheiten (1.10.5.2) oder Endlosguteinheiten (1.10.5.3).

**Anmerkung:** Die kleinstmögliche Packungseinheit enthält jeweils nur eine der genannten Einheiten.

**1.10.5.5 Transporteinheit**
Zwecks Transport abgeteilte Teilgesamtheit (1.10.1) von natürlichen Einheiten (1.10.5.1), Massenguteinheiten (1.10.5.2) oder Endlosguteinheiten (1.10.5.3).

**Anmerkung:** Die kleinstmögliche Transporteinheit enthält jeweils nur eine der genannten Einheiten.

**1.10.5.6 Stichprobeneinheit**
Auswahleinheit (1.10.5), die in die Stichprobe (1.10.6) gelangt ist.

**1.10.5.7 Stichprobenumfang** (sample size)
Anzahl der Auswahleinheiten (1.10.1) in der Stichprobe (1.10.6).

**Anmerkung:** Häufig werden, anstatt der Einheiten der Stichprobe, auch die an diesen Einheiten festgestellten Merkmalswerte als Stichprobe bezeichnet. Das kann beim Stichprobenumfang zu Verwechslungen führen, denn die Anzahl der Merkmalswerte kann sich von der Anzahl der Stichprobeneinheiten unterscheiden.

### **1.10.5.8 Auswahlsatz** (sampling fraction)

Stichprobenumfang (1.10.5.7) dividiert durch den Umfang der Grundgesamtheit (1.10) oder der Teilgesamtheit (1.10.1), aus der die Stichprobe entnommen ist.

**Anmerkung 1:** Der Umfang der Grundgesamtheit oder der Teilgesamtheit ist dabei als die Anzahl der betreffenden Auswahleinheiten einzusetzen.

**Anmerkung 2:** Früher auch *„relativer Prüfumfang"*.

### **1.10.6 Stichprobe** (sample)

Eine oder mehrere Einheiten (1.1), die aus der Grundgesamtheit (1.10) oder aus Teilgesamtheiten (1.10.1) entnommen sind.

**Anmerkung 1:** Zweck der Stichprobe ist es, Kenntnisse über eine Grundgesamtheit oder über eine Teilgesamtheit zu gewinnen. Die Teilgesamtheit kann z. B. ein Prüflos (1.10.2.4) sein.

**Anmerkung 2:** Die Einheiten können beispielsweise Einheiten nach 1.10.5.1 bis 1.10.5.5 sein.

**Anmerkung 3:** Für einen überschaubaren Bereich kann zur besseren Gliederung der Methoden der Probennahme die Benennung *„Probe"* auf eine einzige Auswahleinheit und die Benennung „Stichprobe" auf mindestens zwei Auswahleinheiten festgelegt werden. Siehe auch Anmerkung im Anhang, Abschnitt 4.2.

# 2 Statistische Begriffe

## 2.1 Klassenbildung (classification)

Aufteilung des Wertebereichs eines Merkmals (1.9) in Teilbereiche (Klassen), die einander ausschließen und den Wertebereich vollständig ausfüllen.

**Anmerkung 1:** Die Anzahl der Klassen (2.1.1) muß größer oder gleich 2 sein. Zwei Klassen reichen z.B. aus, wenn zwischen zugelassenen und nicht zugelassenen Merkmalswerten (1.9.4) unterschieden werden soll.

**Anmerkung 2:** In Anlehnung an die englische Benennung auch *„Klassifizierung"*. Unter *„Klassieren"* (grouping) versteht man das Einordnen von Beobachtungswerten (1.9.6.1) in Klassen (2.1.1).

### 2.1.1 Klasse (class)

Bei einer Klassenbildung entstehender Teilbereich von Merkmalswerten (1.9.4).

**Anmerkung:** Als ein Teilbereich (Klasse) werden in der Regel verwendet

- bei qualitativen Merkmalen (1.9.2) ein ausgewählter Merkmalswert,
- bei diskreten Merkmalen (1.9.1.2) ein Merkmalswert oder mehrere Merkmalswerte,
- bei stetigen Merkmalen (1.9.1.1) ein Intervall von Werten, wobei aufeinanderfolgende Teilbereiche gleich groß, teilweise gleich groß oder unterschiedlich groß sein können.

#### 2.1.1.1 Nominelle Klassengrenze (nominal class limit)

Angegebene Klassengrenze.

**Anmerkung:** Bei stetigen Merkmalen (1.9.1.1) werden *„halboffene Intervalle"* angegeben, z.B. „von x = 18 bis x unter 19" oder „von x über 18 bis x = 19", weil *„geschlossene Intervalle"*, z.B. „x = 18 bis 19", die eindeutige Einordnung eines genau auf eine Klassengrenze fallenden Istwertes (1.9.6.2) nicht gestatten würden.

#### 2.1.1.2 Echte Klassengrenze (true class limit)

Infolge des Rundes von Istwerten (1.9.6.2) bei einer Datenverarbeitung einzusetzende Klassengrenze.

**Anmerkung 1:** Eine echte Klassengrenze liegt um einen halben Rundestellenwert über (unter) der nominellen Klassengrenze, je nachdem, ob bei den nominellen Klassengrenzen die untere (obere) Grenze ausgeschlossen ist. Z.B. gehören zu den nominellen Klassengrenzen „x = 18,0 bis x unter 19,0" die echten Klassengrenzen 17,95 und 18,95, zu den nominellen Klassengrenzen „x über 18,0 bis x = 19,0" die echten Klassengrenzen 18,05 und 19,05.

**Anmerkung 2:** Werden nominelle Klassengrenzen ausnahmsweise nicht als halboffene, sondern unter Berücksichtigung des Rundens als nicht aneinander angrenzende, geschlossene Intervalle angegeben, so liegen die echten Klassengrenzen zwischen den nominellen. Beispielsweise liegen bei den nominellen Klassengrenzen „18,1 bis 19,0; 19,1 bis 20,0; usw." die echten Klassengrenzen bei 18,05, 19,05 usw.

**Anmerkung 3:** Die Methode des Rundens ist gleichgütig, z.B. unmittelbar beim Ablesen des Istwertes oder durch Runden nach DIN 1333 Teil 2.

**2.1.2 Klassenmitte** (class midpoint)
Arithmetischer Mittelwert (2.4.4.1) der echten Klassengrenzen (2.1.1.2).

**2.1.3 Klassenweite** (class width)
Echte obere minus echte untere Klassengrenze (2.1.1.2).

**Anmerkung:** Auch *„Klassenbreite"*.

**2.1.4 Besetzungszahl** (absolute frequency)
Anzahl der Einzelistwerte in einer Klasse (2.1.1).

**Anmerkung 1:** Es ist zu beachten, daß in der internationalen Normung trotz des Vorhandenseins zweier Benennungen, die früher als Synonyme bezeichnet wurden (absolute frequency; size), nicht unterschieden wird zwischen der Besetzungszahl (absolute frequency) und dem Umfang (size). Zweckmäßig unterscheidet man jedoch zwischen

- der zu einer Klasse gehörigen Besetzungszahl und
- einem bezüglich der Zugehörigkeit nicht näher bestimmten Umfang, z.B. einer Grundgesamtheit (1.10), eines Loses (1.10.2), einer Stichprobe (1.10.6).

**Anmerkung 2:** In der deutschen Normung ist der Oberbegriff *„Absolute Häufigkeit"* (absolute frequency) definiert als „Anzahl der Beobachtungswerte, die gleich einem vorgegebenen Wert sind oder zu einer Menge von vorgegebenen Werten gehören", wobei diese Menge z.B. eine Klasse sein kann.

**Anmerkung 3:** Siehe auch Anmerkung 1 zu Häufigkeit (2.1.5).

**2.1.4.1 Summierte Besetzungszahl** (cumulative absolute frequency)
Anzahl der Einzelistwerte, die eine echte Klassengrenze (2.1.1.2) nicht überschreiten.

**2.1.5 Häufigkeit** (relative frequency)
Anzahl der Einzelistwerte in einer vorgegebenen Klasse (2.1.1) dividiert durch die Gesamtzahl der Einzelistwerte.

**Anmerkung 1:** Wird von „Häufigkeit" (ohne den Zusatz „absolute") gesprochen, ist niemals die Besetzungszahl (2.1.4) gemeint.

**Anmerkung 2:** Die Gesamtzahl der Einzelistwerte kann einer endlichen Grundgesamtheit (1.10) oder einer Stichprobe (1.10.6) entstammen.

**2.1.5.1 Häufigkeitsdichte** (frequency density)
Häufigkeit dividiert durch Klassenweite (2.1.3).

**Anmerkung 1:** Es ist zu beachten, daß im französischen Sprachraum zwischen Häufigkeit und Häufigkeitsdichte nicht unterschieden wird.

**Anmerkung 2:** Die Häufigkeitsdichte hat die reziproke Merkmalsdimension.

**2.1.5.2 Häufigkeitssumme** (cumulative relative frequency)
Summierte Besetzungszahl (2.1.4.1) dividiert durch die Gesamtzahl der Einzelistwerte.

**Anmerkung 1:** Betrachtet man die Häufigkeitssumme y nicht definitionsgemäß an den echten Klassengrenzen (2.1.1.2), sondern bei einem Einzelistwert, so ist sie erwartungstreu zu korrigieren. Dazu ist dem i-ten unter n der Größe nach geordneten Werten die sogenannte *„korrigierte Häufigkeitssumme"* zuzuordnen, die Tabellen entnommen oder nach der Formel $y = (i-a)/(n+1-2a)$ approximiert werden kann (siehe auch Anmerkung 2).

**Anmerkung 2:** Je nach den Voraussetzungen an die Erwartungstreue benutzt man zur Errechnung der korrigierten Häufigkeitssumme für a Werte von 0 bis 0,5. In vielen praktischen Fällen genügt a = 0,5. Dann ist die korrigierte Häufigkeitssumme $y = (i-0{,}5)/n$. Meist besser ist a = 0,3 (etwa Medianwert-Erwartung), also $y = (i-0{,}3)/(n+0{,}4)$. Bei Häufigkeitssummen, die in bezug auf Grenzwerte betrachtet werden, empfiehlt sich die Betrachtung von Einzelistwerten vor allem in Extremwerte-Kurvenzweigen, die nahe einem Grenzwert liegen.

**Anmerkung 3:** Die Aufzeichnung der Werte der Häufigkeitssumme an den echten Klassengrenzen (2.1.1.2) oder der korrigierten Häufigkeitssumme bei Einzelistwerten sowie die Verbindung benachbarter Punkte durch Strecken ergibt das *„Häufigkeitssummenpolygon"*. Es ist zu unterscheiden von der *„Häufigkeitssummenkurve"*, die eine grafische Darstellung der empirischen Verteilungsfunktion (2.5.2) ist.

## 2.2 Zufallsprobenahme (random sampling)

Probenahme (1.10.4) nach einem Zufallsverfahren, bei dem jeder möglichen Kombination von n Auswahleinheiten (1.10.5) eine vorgegebene Auswahlwahrscheinlichkeit zugeordnet ist.

### 2.2.1 Uneingeschränkte Zufallsprobenahme

Zufallsprobenahme, bei der jeder möglichen Kombination von n Auswahleinheiten (1.10.5) die gleiche Auswahlwahrscheinlichkeit zugeordnet ist.

**Anmerkung:** Die uneingeschränkte Zufallsprobenahme gilt als Regelfall in der Technik. Das Ergebnis dieser Probenahme wird als *„Zufallsstichprobe"* oder kurz auch als *„Stichprobe"* bezeichnet.

### 2.2.2 Ungeschichtete Probenahme (simple random sampling)

Zufallsprobenahme aus der Grundgesamtheit (1.10).

### 2.2.3 Systematische Probenahme (systematic sampling)

Probenahme (1.10.4), bei der die Auswahleinheiten (1.10.5) aufgrund einer systematischen Auswahlmethode in die Stichprobe gelangen.

**Anmerkung 1:** Beispielsweise gelangen
- bei numerierten Auswahleinheiten solche mit einer vorgegebenen Schlußziffer oder solche in vorgegebenen Abständen (siehe 2.2.3.1),
- bei Auswahleinheiten mit einem Namen solche mit einem vorgegebenen Anfangsbuchstaben,
- bei Personen als Auswahleinheiten solche mit einem vorgegebenen Geburtstag

in die Stichprobe.

**Anmerkung 2:** Eine systematische Probenahme wird zur Erzielung einer Stichprobe (1.10.6) angewendet,die bezüglich des in der nachfolgenden Untersuchung betrachteten Merkmals die Grundgesamtheit oder Teilgesamtheit widerspiegelt, aus der sie entnommen ist. Vorausgesetzt wird also, daß die Merkmale für die systematische Auswahl nicht die in der Untersuchung zu betrachtenden Merkmale und auch nicht mit diesen korreliert sind.

### 2.2.3.1 Periodische systematische Probenahme (periodic systematic sampling)

Systematische Probenahme (1.10.4) von Auswahleinheiten (1.10.5) in vorgegebenen Abständen.

**Anmerkung 1:** Anmerkung 2 zu systematische Probenahme (2.2.3) gilt sinngemäß.

**Anmerkung 2:** Lassen sich N Auswahleinheiten nach einer Regel – z.B. in der Reihenfolge ihrer Fertigung – von 1 bis N durchnumerieren, dann gelangen die Auswahleinheiten mit den Nummern h, h+k, h+2k, ..., h+(n–1)k in die Stichprobe. n ist der Stichprobenumfang (1.10.5.7), k = N/n, und h ist eine Zufallszahl aus den ersten k Nummern *(Zufallsstart)*. Der Zahlenwert von h+(n–1)k darf nicht größer als N sein, der Zahlenwert von h+nk muß größer als N sein. Beispiel: N = 500; n = 20: k = 25; h = 7: In die Stichprobe gelangen die 20 Auswahleinheiten mit den Nummern 7, 32, 57, ..., 482.

**Anmerkung 3:** Bei Massengütern erfolgt eine periodische systematische Probenahme während der Be- und Entladung häufig in vorgegebenen Zeitabständen mit zeitlichem *Zufallsstart*.

### 2.2.4 Gezielte Probenahme

Probenahme (1.10.4), bei der aufgrund von vorausgehender Information über eine Auswahleinheit (1.10.5) entschieden wird, ob sie in die Stichprobe (1.10.6) gelangt oder nicht.

**Anmerkung:** Ein Beispiel ist die Probenahme zur Schwachstellenanalyse.

### 2.2.5 Klumpenprobenahme (cluster sampling)

Probenahme (1.10.4), bei der die Auswahleinheiten (1.10.5) jeweils aus mehreren zusammenhängenden Einheiten (1.1) bestehen.

**Anmerkung 1:** Die Auswahleinheiten heißen *„Klumpen"*. Die Entnahme der Klumpen erfolgt in der Regel als Zufallsprobenahme (2.2). Das Ergebnis der Klumpenprobenahme ist die *„Klumpenstichprobe"*.

**Anmerkung 2:** Als zusammenhängende Einheiten kann man beispielsweise
- die natürlichen Einheiten (1.10.5.1) in einer Packungseinheit (1.10.5.4).
- die Personen in einem Haushalt oder
- die Wahlberechtigten in einem Wahlbezirk

betrachten. Packungseinheit, Haushalt und Wahlbezirk sind dabei die Klumpen.

### 2.2.6 Geschichtete Probenahme (stratified sampling)

Probenahme (1.10.4), zu deren Zweck aus der Grundgesamtheit (1.10) Teilgesamtheiten (1.10.1) gebildet werden, aus denen die Auswahleinheiten (1.10.5) mit festgelegten Auswahlsätzen (1.10.5.8) entnommen werden.

**Anmerkung 1:** Die Teilgesamtheiten heißen hier *„Schichten"*. Das Ergebnis der geschichteten Probenahme heißt *„Geschichtete Stichprobe"*, obwohl nicht die Stichprobe geschichtet wurde, sondern die Grundgesamtheit zur Probenahme.

**Anmerkung 2:** Die Entnahme der Auswahleinheiten aus den Schichten der Grundgesamtheit kann z.B. als Zufallsprobenahme (2.2) oder als systematische Probenahme (2.2.3) erfolgen.

### 2.2.7 Mehrstufige Probenahme (multistage sampling)

Probenahme (1.10.4) aus einer Grundgesamtheit (1.10), bei welcher die Stichprobe in Stufen ausgewählt wird, wozu die Auswahleinheiten (1.10.5) jeder Stufe aus größeren Auswahleinheiten der jeweils vorausgehenden Stufe entnommen werden und nur die Auswahleinheiten der letzten Stufe in die Stichprobe gelangen.

**Anmerkung 1:** Die Entnahme der Auswahleinheiten in den einzelnen Stufen kann als Zufallsprobenahme (2.2) oder als systematische Probenahme (2.2.3) erfolgen.

**Anmerkung 2:** Entsprechend der betrachteten Entnahmestufe spricht man von der *„Erststufenprobe"*, der „Zweitstufenprobe", ..., der „Endstufenprobe" (kurz auch *„Endprobe"*).

## 2.3 Zufallsgröße

Größe, deren Wertebereich bekannt ist, von der aber unbekannt ist, welchen Wert sie im Einzelfall zufällig annimmt.

**Anmerkung 1:** Die DIN-Definitionen 1982 lauten: „Zufallsvariable, deren Werte Werte einer Größe sind".

**Anmerkung 2:** Der zum Verständnis der DIN-Definition erforderliche Begriff Zufallsvariable wird mathematisch in DIN 13303 Teil 1 und anhand einer Beschreibung von Versuchen für die verschiedenen Merkmalsarten in DIN 55350 Teil 21 erläutert. Für die Qualitätssicherung wird die obige Definition aus der vorausgehenden Auflage dieser Schrift beibehalten, die den Oberbegriff Zufallsvariable (variate oder random variable) nicht verwendet.

**Anmerkung 3:** Der Begriff Größe wird hier im Sinn von Quantitatives Merkmal (1.9.1) verstanden, also in weiterem Sinn als in DIN 1313. Enthalten sind demnach das stetige und das diskrete Merkmal. Entsprechend gibt es eine *Stetige Zufallsgröße* und eine *Diskrete Zufallsgröße*.

### 2.3.1 Transformierte Zufallsgröße

Funktion einer einzigen Zufallsgröße.

**Anmerkung:** Man unterscheidet die vielfach angewendeten linearen Transformationen von den nichtlinearen.

#### 2.3.1.1 Zentrierte Zufallsgröße (centred variate)

Zufallsgröße mit dem Erwartungswert (2.4.4) Null.

**Anmerkung 1:** Hat eine Zufallsgröße X den Erwartungswert $\mu$, entsteht die zugehörige zentrierte Zufallsgröße Y durch die lineare Transformation $Y = X-\mu$.

**Anmerkung 2:** Die Verteilung der zentrierten Zufallsgröße heißt *„zentrierte Verteilung"*. Zentrierte Zufallsgrößen heißen in der Technik *„Unsymmetriegrößen"*, wenn ihre Werte die Abweichungen von einer geforderten Symmetrie sind. Deren grafische Analyse erfolgt zweckmäßig in Wahrscheinlichkeitsnetzen für *Betragsverteilungen*, die auch *„Betragsnetze"* heißen.

**Anmerkung 3:** Falls ein Erwartungswert nicht existiert, werden Zufallsgrößen auch auf andere Lageparameter zentriert. Beispielsweise spricht man von einer auf einen Median zentrierten Zufallsgröße.

### 2.3.1.2 Standardisierte Zufallsgröße (standardized variate)

Zufallsgröße mit dem Erwartungswert (2.4.4) Null und der Standardabweichung (2.4.7.3) Eins.

**Anmerkung 1:** Hat eine Zufallsgröße X den Erwartungswert $\mu$ und die Standardabweichung $\sigma$, entsteht die zugehörige standardisierte Zufallsgröße Y durch die lineare Transformation $Y = (X-\mu)/\sigma$.

**Anmerkung 2:** Die Verteilung von standardisierten Zufallsgrößen heißt *„standardisierte Verteilung"*.

**Anmerkung 3:** Der Begriff „standardisierte Zufallsgröße" kann verallgemeinert werden im Sinn *„Reduzierte Zufallsgröße"*. Diese ist definiert durch eine lineare Transformation (X–a)/b mit einem Bezugswert a und einer Maßstabskonstanten b.

### 2.4 Parameter (parameter)

Größe zur Kennzeichnung einer Wahrscheinlichkeitsverteilung (2.5.3).

### 2.4.1 Funktionalparameter

Größe, die ein spezielles Merkmal (1.9) einer Wahrscheinlichkeitsverteilung (2.5.3) kennzeichnet.

**Anmerkung 1:** Funktionalparameter können grundsätzlich für jede Wahrscheinlichkeitsverteilung angegeben werden, beispielsweise Lageparameter wie der Erwartungswert (2.4.4), Streuungsparameter wie die Varianz (2.4.7.1), Formparameter wie die Schiefe (2.4.8), Parameter des Zusammenhangs von Zufallsgrößen wie der Korrelationskoeffizient.

**Anmerkung 2:** Ein Funktionalparameter kann zugleich Scharparameter (2.4.2) sein.

### 2.4.2 Scharparameter

Größe in der Formel von parametrischen Verteilungen (2.5.4), die eine spezielle Wahrscheinlichkeitsdichte (2.5.3.3), Wahrscheinlichkeitsfunktion (2.5.3.4) oder Verteilungsfunktion (2.5.3.5) festlegt.

**Anmerkung:** Ein Scharparameter kann zugleich Funktionalparameter (2.4.1) sein.

### 2.4.3 Kenngröße (statistic)

Funktion der Istwerte (1.9.6.2), die ein spezielles Merkmal (1.9) der Häufigkeitsverteilung (2.5.1) kennzeichnet.

**Anmerkung 1:** Der Wert einer Kenngröße heißt *„Kennwert"*.

**Anmerkung 2:** Eine Kenngröße kann zugleich Schätzfunktion (2.4.3.1) und damit der Kennwert Schätzwert (2.4.3.2) für den betreffenden Parameter der Wahrscheinlichkeitsverteilung (2.5.3) sein.

**Anmerkung 3:** Entsprechend Anmerkung 1 zu Funktionalparameter (2.4.1) gibt es Kenngrößen der Lage wie den Mittelwert (2.4.4.1), Kenngrößen der Streuung wie die Stichproben-Standardabweichung (2.4.7.4), Kenngrößen der Form von eindimensionalen Häufigkeitsverteilungen wie die Stichprobenschiefe (2.4.8.1) sowie Kenngrößen des Zusammenhangs zwischen den Merkmalen mehrdimensionaler Häufigkeitsverteilungen wie den Stichproben-Korrelationskoeffizienten.

**Anmerkung 4:** Wenn eine Verwechslung mit anderen Kenngrößen möglich ist, empfiehlt sich die Benennung *„Stichprobenkenngröße"*. Bei statistischen Tests (2.8.5) spricht man auch von der *„Testgröße"*.

### 2.4.3.1 Schätzfunktion (estimator)

Kenngröße zur Schätzung eines Parameters (2.4).

**Anmerkung:** Der Wert einer Schätzfunktion heißt *„Schätzwert"*, bei Betragsverteilungen (siehe zentrierte Zufallsgröße (2.3.1.1), Anmerkung 2) *„Schätzbetrag"*.

### 2.4.4 Erwartungswert (expectation)

Bei diskreten Zufallsgrößen (2.3) die Summe der Produkte aller Werte $x_i$ der Zufallsgröße X und der zugehörigen Wahrscheinlichkeiten $p_i$, bei stetigen Zufallsgrößen das entsprechende Integral.

**Anmerkung 1:** Die Formeln sind $E(X) = \sum(x_i \cdot p_i)$ bzw. $E(X) = \int x \cdot f(x) \cdot dx$.

**Anmerkung 2:** Anstelle der Bezeichnung E(X) wird auch $\mu$ benutzt.

**Anmerkung 3:** Früher auch „Mittelwert (der Grundgesamtheit)".

**Anmerkung 4:** Siehe auch Anmerkung 1 zu Zufällige Meßabweichungen (3.5.3.2)

### 2.4.4.1 Arithmetischer Mittelwert (arithmetic mean)

Summe der Istwerte (1.9.6.2) dividiert durch Anzahl der Istwerte.

**Anmerkung 1:** Der arithmetische Mittelwert ist zugleich das Moment der Ordnung $q = 1$. Im allgemeinen werden Istwerte aus einer endlichen Grundgesamtheit (1.10) oder aus einer Stichprobe (1.10.6) zur Berechnung des arithmetischen Mittelwerts verwendet.

**Anmerkung 2:** Der arithmetische Mittelwert eines Merkmals in einer Grundgesamtheit ist gleich dem Erwartungswert (2.4.4) einer diesem Merkmal entsprechenden Zufallsgröße (2.3).

**Anmerkung 3:** Wenn kein Mißverständnis möglich ist, kurz auch *„Mittelwert"*. Früher auch *„Durchschnitt"*.

### 2.4.4.2 Gewichteter Mittelwert (weighted average)

Summe der Produkte aus den Istwerten (1.9.6.2) und ihrem Gewicht dividiert durch die Summe der Gewichte, wobei das Gewicht eine jedem Istwert zugeordnete, nicht negative Zahl ist.

**Anmerkung:** Früher auch *„Gewichteter Durchschnitt"*.

### 2.4.4.3 Geometrischer Mittelwert (geometric mean)

n-te Wurzel aus dem Produkt von n positiven Istwerten (1.9.6.2).

#### 2.4.4.4 **Spannenmitte** (mid-range)

Arithmetischer Mittelwert (2.4.4.1) aus kleinstem Einzelistwert (1.9.6.4) und größtem Einzelistwert (1.9.6.5).

### 2.4.5 **Median** (median)

Das Quantil (1.9.4.2) für p = 0,5 der Wahrscheinlichkeitsverteilung (2.5.3).

> **Anmerkung:** Früher auch *„Zentralwert"*.

#### 2.4.5.1 **Stichprobenmedian** (median)

Unter den n nach nicht absteigendem Zahlenwert geordneten und mit 1 bis n numerierten Istwerten (1.9.6.2) bei ungeradem n der Istwert mit der Nummer (n+1)/2, bei geradem n ein Wert zwischen den Istwerten mit den Nummern n/2 und (n/2)+1, für den bei Abwesenheit anderer Ermittlungsregeln üblicherweise der arithmetische Mittelwert (2.4.4.1) dieser beiden Istwerte eingesetzt wird.

### 2.4.6 **Modalwert** (mode)

Wert(e), der (die) beim Maximum (bei den Maxima) der Wahrscheinlichkeitsdichte (2.5.3.3) oder der Wahrscheinlichkeitsfunktion (2.5.3.4) liegt (liegen).

> **Anmerkung 1:** Kommt nur ein einziger Modalwert in der Wahrscheinlichkeitsverteilung (2.5.3) vor, spricht man von einer *„eingipfligen* (unimodalen) *Verteilung"*, andernfalls von einer *„mehrgipfligen* (multimodalen) *Verteilung"*. Wenn eine Wahrscheinlichkeitsverteilung zwei Modalwerte besitzt, heißt sie *„zweigipflige* (biomodale) *Verteilung"*.

> **Anmerkung 2:** Der Modalwert einer eingipfligen Verteilung heißt *„Häufigster Wert"* (2.4.6.1).

> **Anmerkung 3:** Für den (die) zu einer Häufigkeitsverteilung gehörigen *Stichproben-Modalwert(e)* gelten die Anmerkungen 1 und 2 entsprechend für die zugehörige Häufigkeitsverteilung (2.5.1)

#### 2.4.6.1 **Häufigster Wert**

Modalwert einer eingipfligen Verteilung (2.5).

> **Anmerkung:** Bei Auswertung nach Klassenbildung (2.1) wird üblicherweise die Klassenmitte (2.1.2) der Klasse (2.1.1) mit der größten Häufigkeitsdichte (2.1.5.1) als häufigster Wert verwendet.

### 2.4.7 **Streuung** (dispersion)

Qualitative Bezeichnung für das Abweichungsverhalten von Merkmalswerten.

> **Anmerkung:** Quantitative Angaben zur Streuung sind beispielsweise Varianz (2.4.7.1), Standardabweichung (2.4.7.3), Spannweite (2.4.7.6).

#### 2.4.7.1 **Varianz** (variance)

Erwartungswert (2.4.4) des Quadrats der zentrierten Zufallsgröße (2.3.1.1).

> **Anmerkung 1:** Die Formeln lauten
>
> – für eine diskrete Zufallsgröße X mit den Werten $x_i$ und den zugehörigen Wahrscheinlichkeiten $p_i$
>
> $$V(X) = E((X-\mu)^2) = \sum (x_i-\mu)^2 \cdot p_i,$$

wobei die Summierung über alle $x_i$ zu erstrecken ist, die von X angenommen werden können;

- für eine stetige Zufallsgröße X mit der Wahrscheinlichkeitsdichte f(x) (2.5.3.3) und dem Erwartungswert $\mu$ (2.4.4)

$$V(X) = E((X-\mu)^2) = \int (x-\mu)^2 \cdot f(x) \cdot dx,$$

wobei die Integration über den Gesamtbereich der Werte von X zu erstrecken ist.

**Anmerkung 2:** Die Varianz V(X) bezeichnet man auch mit Var(X) oder $\sigma^2$.

### 2.4.7.2 Stichprobenvarianz

Summe der quadrierten Abweichungen der Istwerte (1.9.6.2) von ihrem arithmetischen Mittelwert (2.4.4.1) dividiert durch die um Eins verminderte Anzahl der Istwerte.

**Anmerkung 1:** Die Grundformel ist $s^2 = \frac{1}{n-1} \sum_{i=1}^{n} (x_i - \bar{x})^2$.

**Anmerkung 2:** Falls ein Rechengerät zur Verfügung steht, bilde man mit dem ersten festgestellten Stichprobenwert $x_1$ über alle i von 1 bis n die Summen

$$S_1 = \sum(x_i - x_1) \text{ und } S_2 = \sum(x_i - x_1)^2$$

und errechne damit

$$s^2 = (S_2 - S_1^2/n)/(n-1).$$

### 2.4.7.3 Standardabweichung (standard deviation)

Positive Quadratwurzel aus der Varianz (2.4.7.1).

### 2.4.7.4 Stichproben-Standardabweichung (standard deviation)

Positive Quadratwurzel aus der Stichprobenvarianz (2.4.7.2).

**Anmerkung 1:** Die Stichproben-Standardabweichung ist die gebräuchlichste quantitative Angabe zur Streuung (2.4.7).

**Anmerkung 2:** Wenn keine Verwechslung zu befürchten ist, kann die Stichproben-Standardabweichung kurz als „Standardabweichung" bezeichnet werden.

**Anmerkung 3:** Die Standardabweichung einer Schätzfunktion (2.4.3.1) wird bisher auch *„Standardfehler"* genannt.

**Anmerkung 4:** Die Benennung *„Mittlere quadratische Abweichung"* für die Standardabweichung ist falsch, weil bei der mittleren quadratischen Abweichung die Summe der Quadrate der Abweichungen vom arithmetischen Mittelwert durch n dividiert wird, bei der Standardabweichung aber durch (n–1). Die „mittlere quadratische Abweichung" ist das zentrale Stichprobenmoment der Ordnung 2.

### 2.4.7.5 Mittlerer Abweichungsbetrag (mean deviation)

Arithmetischer Mittelwert (2.4.4.1) der Beträge der Abweichungen (1.9.4.1) der Istwerte (1.9.6.2) von einem Bezugswert.

**Anmerkung 1:** Als Bezugswert wird im allgemeinen der arithmetische Mittelwert der Istwerte gewählt. Der mittlere Abweichungsbetrag nimmt sein Minimum dann an, wenn der Stichprobenmedian (2.4.5.1) Bezugswert ist.

**Anmerkung 2:** Früher mißverständlich *„Mittlere Abweichung"*.

**2.4.7.6 Spannweite** (range)
Größter Einzelistwert (1.9.6.5) minus kleinster Einzelistwert (1.9.6.4).

**2.4.7.7 Variationskoeffizient** (coefficient of variation)
Standardabweichung (2.4.7.3) dividiert durch den Betrag des Erwartungswertes (2.4.4)

**Anmerkung:** Die Anmerkungen 2 bis 4 zum Stichproben-Variationskoeffizienten (2.4.7.8) gelten sinngemäß.

**2.4.7.8 Stichproben-Variationskoeffizient** (coefficient of variation)
Stichproben-Standardabweichung (2.4.7.4) dividiert durch den Betrag des arithmetischen Mittelwertes (2.4.4.1).

**Anmerkung 1:** Sind Verwechslungen nicht zu befürchten, kann der Stichproben-Variationskoeffizient kurz als „Variationskoeffizient" bezeichnet werden.

**Anmerkung 2:** Der Variationskoeffizient wird häufig in Prozent ausgedrückt.

**Anmerkung 3:** Der Variationskoeffizient sollte nicht „Relative Standardabweichung" genannt werden. Diese Bezeichnung ist zutreffend, wenn die Standardabweichung auf andere Werte bezogen wird als den Betrag des Mittelwertes, z.B. auf einen vorgegebenen Wert oder Bereich.

**Anmerkung 4:** Ist der Mittelwert sehr klein gegen die Standardabweichung, z.B. bei einer Unsymmetriegröße (siehe zentrierte Zufallsgröße (2.3.1.1), Anmerkung 2), dann ist die Angabe des Variationskoeffizienten sinnlos. Häufig interessiert dann die Abweichung des arithmetischen Mittelwertes vom Bezugswert Null in Einheiten der Standardabweichung (2.4.7.4), also der Kehrwert des Variationskoeffizienten.

**2.4.8 Schiefe** (skewness)
Erwartungswert (2.4.4) der dritten Potenz der standardisierten Zufallsgröße.

**2.4.8.1 Stichprobenschiefe** (skewness)
Arithmetischer Mittelwert (2.4.4.1) der dritten Potenz der standardisierten Istwerte (1.9.6.2).

**Anmerkung:** Wenn keine Verwechslung zu befürchten ist, kann die Stichprobenschiefe kurz als „Schiefe" bezeichnet werden.

**2.4.9 Kurtosis** (kurtosis)
Erwartungswert (2.4.4) der vierten Potenz der standardisierten Zufallsgröße.

**2.4.9.1 Stichprobenkurtosis** (kurtosis)
Arithmetischer Mittelwert (2.4.4.1) der vierten Potenz der standardisierten Istwerte (1.9.6.2).

**Anmerkung:** Wenn keine Verwechslung zu befürchten ist, kann die Stichprobenkurtosis kurz als „Kurtosis" bezeichnet werden.

**2.4.9.2 Exzeß** (excess)
Kurtosis (2.4.9) minus Drei.

**2.4.9.3 Stichprobenexzeß** (excess)
Stichprobenkurtosis (2.4.9.1) minus Drei.

**Anmerkung:** Wenn keine Verwechslung zu befürchten ist, kann der Stichprobenexzeß kurz als „Exzeß" bezeichnet werden.

**2.5 Verteilung** (distribution)
Qualitative Bezeichnung für den Zusammenhang zwischen den Werten von Zufallsgrößen (2.3) und den diesen Werten zugeordneten Wahrscheinlichkeiten, oder zwischen Istwerten (1.9.6.2) und den ihnen zugeordneten Besetzungszahlen (2.1.4), summierten Besetzungszahlen (2.1.4.1), Häufigkeiten (2.1.5), Häufigkeitsdichten (2.1.5.1) oder Häufigkeitssummen (2.1.5.2).

**Anmerkung:** Es ist zu beachten, daß in der internationalen Normung nicht unterschieden wird zwischen Besetzungszahlen und Häufigkeiten.

**2.5.1 Häufigkeitsverteilung** (frequency distribution)
Verteilung (2.5) von Istwerten (1.9.6.2).

**2.5.1.1 Histogramm** (histogram)
Grafische Darstellung der Häufigkeitsverteilung eines stetigen Merkmals, bei der die Flächen von Rechtecken, die über den Klassen (2.1.1) errichtet werden, sowohl den Besetzungszahlen (2.1.4) als auch den Häufigkeiten (2.1.5) proportional sind.

**Anmerkung:** Die grafische Darstellung der Häufigkeitsverteilung eines diskreten Merkmals wird üblicherweise gestaltet als *„Stabdiagramm"*. Die Länge der Stäbe, die über den Klassen errichtet werden, sind sowohl den Besetzungszahlen (2.1.4) als auch den Häufigkeiten (2.1.5) proportional. Dabei wird vorausgesetzt, daß die Klassen Teilbereiche des Wertebereichs mit einer jeweils gleichen Anzahl von Merkmalswerten sind. Ist es jeweils nur ein einziger diskreter Merkmalswert, ist das Stabdiagramm die grafische Darstellung der Wahrscheinlichkeitsfunktion (2.5.3.4).

**2.5.2 Empirische Verteilungsfunktion** (empirical distribution function)
Funktion, die jedem Merkmalswert (1.9.4) die Häufigkeit (2.1.5) von Istwerten (1.9.6.2) zuordnet, die kleiner oder gleich diesem Merkmalswert sind.

**Anmerkung 1:** Die empirische Verteilungsfunktion ordnet zugleich jedem Merkmalswert einer echten Klassengrenze (2.1.1.2) die Häufigkeitssumme (2.1.5.2) zu.

**Anmerkung 2:** Die grafische Darstellung der empirischen Verteilungsfunktion ist die *Häufigkeitssummenkurve*.

**Anmerkung 3:** Früher auch *„Häufigkeitssummenverteilung"*

**2.5.3 Wahrscheinlichkeitsverteilung** (probability distribution)
Verteilung (2.5) von Zufallsgrößen (2.3).

**Anmerkung 1:** Die DIN-Definition 1982 lautet „Eine Funktion, welche die Wahrscheinlichkeit angibt, mit der eine Zufallsvariable Werte in gegebenen Bereichen annimmt".

**Anmerkung 2:** Bei DIN ist der Begriff Verteilung (2.5) nicht definiert. Dieser Begriff wird in der obigen Definition verwendet. Außerdem wird wie bei der Definition der

Zufallsgröße (2.3; siehe dort Anmerkung 2) der Oberbegriff Zufallsvariable nicht verwendet.

**Anmerkung 3:** Die Wahrscheinlichkeit für den Gesamtbereich der Werte der Zufallsgröße hat den Wert Eins.

**Anmerkung 4:** Die Zufallsgröße kann univariat (eindimensional) oder multivariat (mehrdimensional) sein.

**Anmerkung 5:** Wahrscheinlichkeitsverteilungen können
- allgemein in Form einer Verteilungsfunktion (2.5.3.5),
- bei stetigen Zufallsgrößen in Form einer Wahrscheinlichkeitsdichte (2.5.3.3),
- bei diskreten Zufallsgrößen in Form einer Wahrscheinlichkeitsfunktion (2.5.3.4)

dargestellt werden.

**Anmerkung 6:** Gelegentlich wird auch die Wahrscheinlichkeitsdichte (2.5.3.3) „Wahrscheinlichkeitsverteilung" genannt. Das sollte vermieden werden.

### 2.5.3.1 **Randverteilung** (marginal probability distribution)

Wahrscheinlichkeitsverteilung einer Teilmenge von p Zufallsgrößen zu einer Wahrscheinlichkeitsverteilung von k Zufallsgrößen, wobei die k-p anderen Zufallsgrößen in ihrem Wertebereich beliebige Werte annehmen.

**Anmerkung:** Z.B. gibt es zur dreidimensionalen Zufallsgröße (X, Y, Z) 3 Randverteilungen der zweidimensionalen Zufallsgrößen (X, Y), (X, Z) und (Y, Z) sowie 3 Randverteilungen der eindimensionalen Zufallsgrößen X, Y und Z.

### 2.5.3.2 **Bedingte Verteilung** (conditional probability distribution)

Wahrscheinlichkeitsverteilung einer Teilmenge von p Zufallsgrößen zu einer Wahrscheinlichkeitsverteilung von k Zufallsgrößen, wobei die k-p anderen Zufallsgrößen vorgegebene Werte haben.

**Anmerkung:** Ein Beispiel ist die bedingte Verteilung von X bei Y = y und Z = z.

### 2.5.3.3 **Wahrscheinlichkeitsdichte** (probability density function)

Erste Ableitung der Verteilungsfunktion (2.5.3.5), falls sie existiert.

**Anmerkung 1:** Die Formel ist $f(x) = dF(x)/dx$.

**Anmerkung 2:** Bezeichnungen für die Wahrscheinlichkeitsdichte: f(x), g(x).

**Anmerkung 3:** Siehe Anmerkung 6 zu Wahrscheinlichkeitsverteilung (2.5.3).

### 2.5.3.4 **Wahrscheinlichkeitsfunktion** (probability for a discrete random variable)

Funktion, die jedem Wert, den eine diskrete Zufallsgröße (2.3) annehmen kann, eine Wahrscheinlichkeit zuordnet.

**Anmerkung:** Siehe Anmerkung zu Histogramm (2.5.1.1).

### 2.5.3.5 **Verteilungsfunktion** (distribution function)

Funktion, die jedem Wert x die Wahrscheinlichkeit zuordnet, daß die Zufallsgröße X (2.3) kleiner oder gleich x ist.

**Anmerkung 1:** Die Definition gilt sowohl für stetige als auch für diskrete Zufallsgrößen (2.3).

**Anmerkung 2:** Bezeichnungen für die Verteilungsfunktion: F(x), G(x).

### 2.5.4 Parametrische Verteilung

Mathematisch mit Hilfe von Parametern (2.4) beschriebene Wahrscheinlichkeitsverteilung (2.5.3).

**Anmerkung 1:** In DIN 55350 Teil 22 werden (mit Formeln) beschrieben

- die univariaten stetigen Wahrscheinlichkeitsverteilungen „Normalverteilung", „Standardisierte Normalverteilung", „Chiquadrat-Verteilung", „t-Verteilung", „F-Verteilung", „Lognormalverteilung", „Exponentialverteilung", „Gammaverteilung", „Betaverteilung", „Gleichverteilung", „Gumbel-Verteilung", „Fréchet-Verteilung" und „Weibull-Verteilung",
- die univariaten diskreten Wahrscheinlichkeitsverteilungen „Binomialverteilung", „Negative Binomialverteilung", „Poissonverteilung" und „Hypergeometrische Verteilung" sowie
- die multivariate diskrete Wahrscheinlichkeitsverteilung „Multinomialverteilung".

**Anmerkung 2:** Die internationale Normung beschreibt etwa die gleichen parametrischen Verteilungen in ISO 3534/1.

## 2.6 Ausreißer (outlier)

Extremwert (1.9.6.3) aus einer Stichprobe (1.10.6), dessen Abweichung im Vergleich mit den Abweichungen der anderen Istwerte (1.9.6.2) nicht mehr als zufällig erachtet werden kann.

**Anmerkung 1:** Die Frage, ob ein Extremwert ein Ausreißer ist oder nicht, kann anhand von Testverfahren untersucht werden. Diesen haftet nicht nur eine statistische Ergebnisunsicherheit an, sondern eine zusätzliche Unsicherheit wegen der Ungewißheit der für den Test zugrunde zu legenden Voraussetzungen.

**Anmerkung 2:** Bei Annahmestichprobenprüfung (3.1.15.1) zeigt ein Ausreißer oft an, daß die Verteilung (2.5) eine *Mischverteilung* ist, oder daß sich ein bisher beherrschter Prozeß (3.6) unerwartet geändert hat.

## 2.7 Direkter statistischer Schluß

Schluß von einer bekannten Grundgesamtheit (1.10) auf die Ergebnisse aus Stichproben (1.10.6), die tatsächlich oder in Gedanken aus dieser Grundgesamtheit entnommen werden.

**Anmerkung 1:** Hilfsmittel für den direkten statistischen Schluß stellt die so genannte *„Beschreibende Statistik"* zur Verfügung. Grundbegriffe zur beschreibenden Statistik findet man z.B. in DIN 55350 Teil 23.

**Anmerkung 2:** Vom direkten statistischen Schluß ist der indirekte statistische Schluß (2.8) zu unterscheiden.

### 2.7.1 Zufallsstreubereich (random dispersion interval)

Aufgrund einer vorausgesetzten Verteilung (2.5) errechnetes Intervall, in dem Stichprobenergebnisse mit einer vorgegebenen Wahrscheinlichkeit erwartet werden.

**Anmerkung 1:** Der Zufallsstreubereich kann für unterschiedliche Kenngrößen (2.4.3) eines Stichprobenergebnisses errechnet werden.

**Anmerkung 2:** Je nach Aufgabenstellung kann man *„Zweiseitige Zufallsstreubereiche"* oder *„Einseitige Zufallsstreubereiche"* errechnen.

**2.7.1.1 Streugrenze** (dispersion limit)
Untere oder obere Grenze des Zufallsstreubereichs (2.7.1).

## 2.8 Indirekter statistischer Schluß

Schluß vom Ergebnis aus einer Stichprobe (1.10.6) auf die unbekannte Grundgesamtheit (1.10), aus der die Stichprobe entnommen ist.

**Anmerkung 1:** Hilfsmittel für den indirekten statistischen Schluß stellt die so genannte *„Schließende Statistik"* zur Verfügung. Grundbegriffe zur schließenden Statistik findet man z.B. in DIN 55350 Teil 24.

**Anmerkung 2:** Vom indirekten statistischen Schluß ist der direkte statistische Schluß (2.7) zu unterscheiden.

**2.8.1 Vertrauensniveau** (confidence coefficient; confidence level)
Mindestwert (1.9.5.5) der Wahrscheinlichkeit, der für die Berechnung eines Vertrauensbereichs (2.8.3) oder eines statistischen Anteilsbereichs (2.8.4) vorgegeben ist.

**Anmerkung:** Das Vertrauensniveau wird mit „$1 - \alpha$" bezeichnet.

**2.8.2 Irrtumswahrscheinlichkeit** (probability of error)
Komplement zu Eins des Vertrauensniveaus (2.8.1)

**Anmerkung:** Die Irrtumswahrscheinlichkeit wird ebenso wie die Wahrscheinlichkeit für einen Fehler 1. Art (2.8.6) mit $\alpha$ bezeichnet.

**2.8.3 Vertrauensbereich** (confidence interval)
Aus Stichprobenergebnissen berechneter Schätzbereich, der den unbekannten wahren Wert (3.5.3.3) des zu schätzenden Parameters (2.4) auf dem vorgegebenen Vertrauensniveau (2.8.1) einschließt.

**Anmerkung 1:** Es ist anzugeben, welche Wahrscheinlichkeitsverteilung (2.5.3) als Modell vorausgesetzt wurde, auch wenn es – wie vielfach üblich – die Normalverteilung ist. In besonderen Fällen läßt sich ein *„Verteilungsfreier Vertrauensbereich"* errechnen.

**Anmerkung 2:** Sind beide Vertrauensgrenzen gemäß Anmerkung 1 zu 2.8.3.1 als Zufallsgrößen festgelegt, wird ein *„Zweiseitiger Vertrauensbereich"* errechnet. Ist eine der Vertrauensgrenzen nicht Zufallsgröße, sondern als kleinst- oder größtmöglicher endlicher oder unendlicher wahrer Wert des zu schätzenden Parameters bekannt und festgelegt, wird ein *„Einseitiger Vertrauensbereich"* errechnet.

**Anmerkung 3:** Die aus einer längeren Folge von Stichproben errechneten Vertrauensbereiche schließen den wahren Wert des zu schätzenden Parameters mit einer Häufigkeit (2.1.5) ein, die annähernd so groß wie oder größer als das Vertrauensniveau ist.

**Anmerkung 4:** Auch *„Konfidenzbereich"* oder *„Konfidenzintervall"*.

**2.8.3.1 Vertrauensgrenze** (confidence limit)
Untere oder obere Grenze des Vertrauensbereichs (2.8.3).

**Anmerkung 1:** Eine Vertrauensgrenze ist Funktion der Istwerte aus der Stichprobe. Sie ist daher ein – im allgemeinen für jede Stichprobe anderer – Wert einer Zufallsgröße (2.3).

**Anmerkung 2:** Auch *„Konfidenzgrenze"*.

### 2.8.4 Statistischer Anteilsbereich (statistical coverage interval)

Aus Stichprobenergebnissen berechneter Schätzbereich, der mindestens den festgelegten Anteil der Wahrscheinlichkeitsverteilung (2.5.3) auf dem vorgebenen Vertrauensniveau (2.8.1) einschließt.

**Anmerkung 1:** Der festgelegte Anteil wird mit „$1 - \gamma$" bezeichnet.

**Anmerkung 2:** Es ist anzugeben, welche Wahrscheinlichkeitsverteilung als Modell vorausgesetzt wurde, auch wenn es – wie vielfach üblich – die Normalverteilung ist. In besonderen Fällen läßt sich ein *„Verteilungsfreier statistischer Anteilsbereich"* errechnen.

**Anmerkung 3:** Sind beide Anteilsgrenzen gemäß Anmerkung zu 2.8.4.1 als Zufallsgrößen festgelegt, wird ein *„Zweiseitig abgegrenzter statistischer Anteilsbereich"* errechnet. Ist eine der Anteilsgrenzen nicht Zufallsgröße, sondern als kleinst- oder größtmöglicher endlicher oder unendlicher wahrer Wert bekannt und festgelegt, wird ein *„Einseitig abgegrenzter statistischer Anteilsbereich"* errechnet.

**Anmerkung 4:** Die aus einer längeren Folge von Stichproben errechneten statistischen Anteilsbereiche schließen Anteile der Grundgesamtheit, die den festgelegten Anteil mindestens erreichen, mit einer Häufigkeit (2.1.5) ein, die annähernd so groß wie oder größer als das Vertrauensniveau ist.

**Anmerkung 5:** Die frühere Benennung *„Statistischer Toleranzbereich"* (statistical tolerance interval) wurde wegen Verwechslungen mit abgestuften Grenzwerten (1.9.5.20) geändert.

#### 2.8.4.1 Anteilsgrenze (statistical coverage limit)

Untere oder obere Grenze eines statistischen Anteilsbereichs.

**Anmerkung:** Eine Anteilsgrenze ist Funktion der Istwerte aus der Stichprobe. Sie ist daher ein – im allgemeinen für jede Stichprobe anderer – Wert einer Zufallsgröße (2.3).

### 2.8.5 Statistischer Test (statistical test)

Unter festgelegten Voraussetzungen geltendes Verfahren, um aufgrund von Stichprobenergebnissen festzustellen, ob die unbekannte wahre Wahrscheinlichkeitsverteilung (2.5.3) zur Nullhypothese (2.8.5.3) oder zur Alternativhypothese (2.8.5.4) gehört.

**Anmerkung 1:** Die Entscheidungen über die festzulegenden Voraussetzungen sind maßgeblich für das Testergebnis und deshalb mit Sorgfalt zu treffen.

**Anmerkung 2:** Die erste Entscheidung betrifft die Menge der insgesamt für die Nullhypothese und die Alternativhypothese zugelassenen Wahrscheinlichkeitsverteilungen. Sie ist unter Berücksichtigung aller Informationen zu treffen. Diejenigen Wahrscheinlichkeitsverteilungen, welche aufgrund der zu prüfenden Vermutung wahr sein könnten, werden für die Alternativhypothese (2.8.5.4) ausgewählt, die verbleibenden Wahrscheinlichkeitsverteilungen, die der Vermutung entgegenstehen, für die Nullhypothese (2.8.5.3). Oft kann man die Menge der zugelassenen Wahrscheinlichkeitsverteilungen und demzufolge auch Alternativhypothese und Nullhypothese durch Angabe der Werte der zu den Verteilungen gehörenden Parameter (2.4) festlegen.

**Anmerkung 3:** Die zweite Entscheidung ist die Festlegung des Signifikanzniveaus (2.8.6.1). Sie wird bestimmt durch die Bedeutung des Prüfergebnisses.

**Anmerkung 4:** Die Prüfgröße, mit deren Werten festgestellt wird, ob die wahre Wahrscheinlichkeitsverteilung zur Nullhypothese gehört oder nicht, ist als Kenngröße (2.4.3) eine Funktion der Istwerte aus der Stichprobe und deshalb eine Zufallsgröße. Daher kann das Prüfergebnis einen Fehler 1. Art (2.8.6) oder einen Fehler 2. Art (2.8.7) haben.

**Anmerkung 5:** Das Prüfergebnis kann außerdem wegen eines Fehlers im Ansatz (2.8.8) fehlerhaft sein.

**Anmerkung 6:** Praktisch wichtige statistische Tests sind in der Normenserie DIN 55303 vereinheitlicht und mit Formblättern leicht handhabbar gemacht.

### 2.8.5.1 **Verteilungsgebundener Test** (parametric test)

Statistischer Test, bei dem die Verteilungsfunktion (2.5.3.5) der Prüfgröße von einer der Verteilungsfunktionen der für die Nullhypothese ausgewählten Wahrscheinlichkeitsverteilungen abhängt.

**Anmerkung:** Auch *„Parametrischer Test"*.

### 2.8.5.2 **Verteilungsfreier Test** (distribution free test)

Statistischer Test, bei dem die Verteilungsfunktion (2.5.3.5) der Prüfgröße nicht von den Verteilungsfunktionen der für die Nullhypothese ausgewählten Wahrscheinlichkeitsverteilungen abhängt.

**Anmerkung:** Auch *„Nichtparametrischer Test"*.

### 2.8.5.3 **Nullhypothese** (null hypothesis)

Aussage, durch die aus der Menge der für den statistischen Test (2.8.5) insgesamt zugelassenen Wahrscheinlichkeitsverteilungen (2.5.3) eine Teilmenge ausgewählt wird.

**Anmerkung 1:** Bezeichnung $H_0$.

**Anmerkung 2:** Die Teilmenge wird – möglichst – so ausgewählt, daß die Aussage nicht mit der zu prüfenden Vermutung vereinbar ist. Siehe Anmerkung 2 zu Statistischer Test (2.8.5).

**Anmerkung 3:** Siehe auch Anmerkung 4 zu Alternativhypothese (2.8.5.4).

### 2.8.5.4 **Alternativhypothese** (alternative hypothesis)

Aussage, durch die aus der Menge der für den statistischen Test (2.8.5) insgesamt zugelassenen Wahrscheinlichkeitsverteilungen (2.5.3) alle diejenigen ausgewählt werden, die nicht für die Nullhypothese (2.8.5.3) ausgewählt wurden.

**Anmerkung 1:** Bezeichnung $H_1$.

**Anmerkung 2:** Die Alternativhypothese steht der Nullhypothese entgegen.

**Anmerkung 3:** Beispiele:
*Beispiel 1: Zugelassen* sind alle stetigen Wahrscheinlichkeitsverteilungen, bei denen die Zufallsgröße Werte zwischen minus Unendlich und plus Unendlich annehmen kann. *Vermutung:* Die wahre Wahrscheinlichkeitsverteilung ist eine Normalverteilung. *Alternativhypothese:* Diese Wahrscheinlichkeitsverteilung ist keine Normalverteilung.
*Beispiel 2: Zugelassen* sind alle Normalverteilungen. *Vermutung:* Der Erwartungswert $\mu$ der wahren Normalverteilung ist größer als ein vorgegebener Wert $\mu_0$. *Nullhypothese:* $H_0$: $\mu \leqq \mu_0$. *Alternativhypothese:* $H_1$: $\mu > \mu_0$.
*Beispiel 3: Zugelassen* sind alle Normalverteilungen mit übereinstimmender bekannter Standardabweichung. *Vermutung:* Die wahre Normalverteilung hat einen mit einem vorgegebenen Wert $\mu_0$ nicht übereinstimmenden Erwartungswert $\mu$. *Nullhypothese:* $H_0$: $\mu = \mu_0$. *Alternativhypothese:* $H_1$ : $\mu \neq \mu_0$.
*Beispiel 4: Zugelassen* sind alle zwischen Null und Eins liegenden Anteile $p_1$ und $p_2$ fehlerhafter Einheiten (1.6.3) in den Losen 1 und 2. *Vermutung:* Die Anteile sind verschieden. *Nullhypothese:* $H_0$: $p_1 = p_2$. *Alternativhypothese:* $H_1$: $p_1 \neq p_2$.

**Anmerkung 4:** Es gibt die *„Einfache Hypothese"*, bei der die ausgewählte Teilmenge nur aus einer einzigen Wahrscheinlichkeitsverteilung besteht, und die *„Zusammengesetzte Hypothese"*, bei der sie aus mehr als einer besteht. In den Beispielen 3 und 4 der Anmerkung 3 sind die Nullhypothesen einfache Hypothesen, die Alternativhypothesen zusammengesetzte. In den Beispielen 1 und 2 sind jeweils beide Hypothesen zusammengesetzte Hypothesen.

### 2.8.6 Fehler 1. Art (error of the first kind)

Verwerfen der Nullhypothese (2.8.5.3), obwohl die unbekannte wahre Wahrscheinlichkeitsverteilung zur Nullhypothese gehört.

#### 2.8.6.1 Signifikanzniveau (significance level)

Für einen statistischen Test (2.8.5) vorgegebener Höchstwert (1.9.5.6) für die Wahrscheinlichkeit des Fehlers 1. Art.

**Anmerkung 1:** Das Signifikanzniveau wird, wie die Irrtumswahrscheinlichkeit (2.8.2), mit $\alpha$ bezeichnet.

**Anmerkung 2:** Bei Annahmestichprobenprüfung (3.1.15.1) wird das Signifikanzniveau „Lieferantenrisiko" (3.2.4.5) genannt.

**Anmerkung 3:** *„Signifikantes Prüfergebnis"* heißt das Ergebnis eines statistischen Tests, bei dem die Nullhypothese verworfen wurde. Als *„Kritischer Bereich"* wird jener Wertebereich der Prüfgröße (siehe Anmerkung 4 zu Statistischer Test (2.8.5)) bezeichnet, in welchem das der Fall ist. Seine Grenzen heißen *„Kritischer Wert"*.

### 2.8.7 Fehler 2. Art (error of the second kind)

Nichtverwerfen der Nullhypothese (2.8.5.3), obwohl die unbekannte wahre Wahrscheinlichkeitsverteilung nicht zur Nullhypothese gehört.

**Anmerkung 1:** Die Wahrscheinlichkeit des Fehlers 2. Art wird mit $\beta$ bezeichnet. Bei Annahmestichprobenprüfung wird sie „Abnehmerrisiko" (3.2.4.6) genannt.

**Anmerkung 2:** Das Komplement zu eins der Wahrscheinlichkeit des Fehlers 2. Art heißt „power of a test" (früher benannt als *„Macht eines Tests"*).

**Anmerkung 3:** Die „power function of a test" gibt die Wahrscheinlichkeit für das Verwerfen der Nullhypothese als Funktion eines Parameters an. Das Komplement zu Eins der „power function of a test" ist die *Operationscharakteristik des statistischen Tests.* Auf ihr ist die Wahrscheinlichkeit des Fehlers 2. Art ein Punkt. Diese Operationscharakteristik kann bezüglich ihrer Leistungsfähigkeit durch ihr Trennvermögen (3.2.2.1) und ihre Bewertungsschärfe (3.2.2.2) gekennzeichnet werden.

### 2.8.8 Fehler im Ansatz

Anwenden eines statistischen Verfahrens, obwohl die ihm zugrunde liegenden Annahmen und/oder zugrunde gelegten Voraussetzungen in Wirklichkeit nicht zutreffen.

**Anmerkung:** Ein Beispiel ist: Einem Verfahren liegt die Annahme zugrunde, daß es auf Normalverteilungen angewendet wird, die Menge der zugelassenen Wahrscheinlichkeitsverteilungen enthält aber andere Verteilungen.

# 3 Begriffe zur Qualitätsprüfung und zur Qualitätslenkung

## 3.1 **Prüfmerkmal** (inspection characteristic)

Merkmal, anhand dessen eine Prüfung durchgeführt wird.

**Anmerkung 1:** Im Fall der Qualitätssicherung ist die Prüfung eine Qualitätsprüfung.

**Anmerkung 2:** Prüfmerkmale sind häufig Qualitätsmerkmale (1.9.3), brauchen es aber nicht zu sein. Beispiel: Prüfbar ist nur ein mit dem Qualitätsmerkmal korrelliertes Merkmal, das kein Qualitätselement (1.5.3) enthält.

### 3.1.1 **Prüfplanung** (inspection planning)

Planung der Qualitätsprüfung (1.5.6.10).

**Anmerkung:** Die Prüfplanung wird verschiedentlich fälschlich als Bestandteil der Qualitätsplanung (1.5.6.5) betrachtet. Ursache dafür ist die Notwendigkeit, die Prüfplanung möglichst frühzeitig zu beginnen, zweckmäßig bereits mit der Qualitätsplanung.

### 3.1.2 **Prüfplan** (inspection plan)

Ergebnis der Prüfplanung (3.1.1).

**Anmerkung:** Ein Prüfplan enthält im allgemeinen Prüfspezifikationen (3.1.2.1), Prüfanweisungen (3.1.2.2) und Prüfablaufpläne (3.1.2.3).

#### 3.1.2.1 **Prüfspezifikation** (inspection specification)

Festlegung der Prüfmerkmale (3.1) für die Qualitätsprüfung (1.5.6.10) und gegebenenfalls der vorgegebenen Merkmalswerte (1.9.5) sowie erforderlichenfalls der Prüfverfahren.

**Anmerkung 1:** Die Prüfspezifikation ist gegebenenfalls Bestandteil technischer Spezifikationen (siehe DIN 820 Teil 3, Anhang A).

**Anmerkung 2:** Die früher hierfür übliche Benennung *„Prüfvorschrift"* wird wegen DIN 820 Teil 3, Anhang A, nicht mehr angewendet.

#### 3.1.2.2 **Prüfanweisung** (inspection instruction)

Anweisung für die Durchführung einer Qualitätsprüfung (1.5.6.10).

**Anmerkung:** Liegt eine schriftliche Prüfspezifikation (3.1.2.1) vor, dann ist sie Grundlage der Prüfanweisung.

#### 3.1.2.3 **Prüfablaufplan** (inspection schedule)

Festlegung der Abfolge der Qualitätsprüfungen (1.5.6.10).

**Anmerkung:** Ein Prüfablaufplan ist an die Qualitätselemente (1.5.3) entsprechend den Phasen des Qualitätskreises (1.5.4) angepaßt.

**3.1.3 Eingangsprüfung** (receiving inspection)
Annahmeprüfung (3.1.9) an einem zugelieferten Produkt.

**Anmerkung:** Die Eingangsprüfung wird durch den Abnehmer selbst oder durch eine beauftragte Stelle durchgeführt.

**3.1.4 Entwurfsprüfung** (design review)
Qualitätsprüfung (1.5.6.10) an einem Entwurf.

**3.1.5 Qualifikationsprüfung**
Feststellen, ob für eine Einheit (1.1) Qualifikation (1.4.1) vorliegt.

**Anmerkung 1:** Eine Qualifikationsprüfung ist demnach das Feststellen und das Nachweisen, daß eine Einheit (1.1) die Qualitätsforderung (1.4) erfüllt, während bei einer Qualitätsprüfung (1.5.6.10) festgestellt wird, inwieweit eine Einheit die Qualitätsforderung erfüllt.

**Anmerkung 2:** Es muß festgelegt sein, auf welche Qualitätsmerkmale (1.9.3) sich eine Qualifikationsprüfung bezieht.

**Anmerkung 3:** Sofern wiederkehrende Qualifikationsprüfungen erforderlich sind, werden für ihre Durchführung Regeln festgelegt (vgl. Wiederkehrende Prüfung (3.1.14), insbesondere die Anmerkungen dazu).

**Anmerkung 4:** Auch *„Eignungsprüfung“* oder *„Approbationsprüfung“*.

**3.1.5.1 Typprüfung**
Qualifikationsprüfung an einem Produkt.

**Anmerkung 1:** Die Typprüfung kann ein materielles oder immaterielles Produkt oder eine Kombination daraus betreffen.

**Anmerkung 2:** Im Gegensatz zur Bauartprüfung (3.1.5.2) schließt eine Typprüfung eine Entwurfsprüfung (3.1.4) nicht ein.

**Anmerkung 3:** Wenn sich ohne Änderung der Qualitätsforderung (1.4) die Realisierung des Produkts ändert, z.B. die Fertigung eines materiellen Produkts, kann eine erneute Typprüfung erforderlich sein.

**Anmerkung 4:** Vielfach wird die Typprüfung als Musterprüfung (3.1.8) durchgeführt.

**Anmerkung 5:** Bei erheblich streuenden Werten von Qualitätsmerkmalen (1.9.3) kann es zweckmäßig sein, die Typprüfung an mehreren Einheiten (1.1) durchzuführen.

**3.1.5.2 Bauartprüfung**
Qualifikationsprüfung im Hinblick auf ein materielles Endprodukt, bestehend aus Entwurfsprüfung (3.1.4) und Typprüfung (3.1.5.1).

**3.1.6 Zwischenprüfung**
Qualitätsprüfung (1.5.6.10) während der Realisierung einer Einheit (1.1).

**Anmerkung:** Es gibt Zwischenprüfungen unter Beteiligung des Abnehmers oder seines Beauftragten.

**3.1.6.1 Ablaufprüfung**
Zwischenprüfung an einer Tätigkeit oder an einem Prozeß anhand der Merkmale der Tätigkeit oder des Prozesses.

**Anmerkung:** Die Ablaufprüfung während der Planung einer Tätigkeit oder eines Prozesses anläßlich der probeweisen Durchführung der Tätigkeit oder des Prozesses heißt auch *„Probeablaufprüfung"*.

**3.1.6.2 Prozeßprüfung** (process inspection)
Ablaufprüfung (3.1.6.1) an einem Prozeß.

**Anmerkung:** Prozeßprüfungen dienen unter anderem der Verfahrensüberwachung.

**3.1.6.3 Fertigungsprüfung** (manufacturing inspection)
Zwischenprüfung an einem in der Fertigung befindlichen materiellen Produkt.

**Anmerkung 1:** Die Realisierung hat hier die spezielle Benennung „Fertigung".

**Anmerkung 2:** Montageprüfungen sind Zwischenprüfungen oder Endprüfungen.

**3.1.6.4 Selbstprüfung** (operator inspection)
Teil der zur Qualitätslenkung (1.5.6.6) erforderlichen Qualitätsprüfung (1.5.6.10), der vom Bearbeiter selbst ausgeführt wird.

**Anmerkung 1:** Der Teil der Qualitätsprüfung ist meist eine Zwischenprüfung.

**Anmerkung 2:** Die Selbstprüfung ist zu unterscheiden vom „Teil der Qualitätslenkung, der vom Bearbeiter selbst ausgeführt wird" (operator control).

**Anmerkung 3:** Die Selbstprüfung ist zu unterscheiden von der *Eigenprüfung* und der *Fremdprüfung*. Die beiden Begriffe sagen aus, ob Qualitätsprüfungen durch den Hersteller oder durch eine andere Stelle ausgeführt werden.

**3.1.6.5 Laufprüfung**
Aufeinanderfolgende Fertigungsprüfungen (3.1.6.3) bei mehreren ortsverschiedenen Fertigungseinrichtungen durch denselben Prüfer.

**Anmerkung 1:** Es gibt viele Möglichkeiten der Durchführung einer Laufprüfung, z.B. anhand einer Zufallsprobenahme (2.2), turnusgemäß, in bezug auf die Fertigungseinrichtungen selbst (3.1.6.2), auf die Produkte, auf die Prüfmittel.

**Anmerkung 2:** Die Bezeichnung „Laufprüfung" wird auch in anderem Zusammenhang verwendet, z.B. bei der Funktionsprüfung von Zahnrädern.

**Anmerkung 3:** Auch *„Fliegende Prüfung"*.

**3.1.7 Endprüfung** (final inspection)
Letzte der Qualitätsprüfungen (1.5.6.10) vor Übergabe des Produkts (siehe 1.1) an den Abnehmer.

**Anmerkung:** Abnehmer ist im allgemeinen der im Geschäftsverkehr belieferte Vertragspartner. Im unternehmensinternen Lieferverkehr gilt Entsprechendes.

**3.1.8 Musterprüfung**
Qualitätsprüfung (1.5.6.10) an einem Muster (3.9).

**Anmerkung 1:** Die jeweiligen Ziele und Randbedingungen von Musterprüfungen ergeben sich aus den Definitionen der speziellen Muster (z.B. Entwicklungsmuster (3.9.1), Einbaumuster (3.9.9)).

**Anmerkung 2:** Musterprüfungen dienen oft als Qualifikationsprüfungen (3.1.5), werden jedoch auch im Rahmen von Erprobungen (z.B. hinsichtlich Funktion) sowie als Qualitätsprüfungen zur Qualitätslenkung (1.5.6.6) angewendet.

### 3.1.9 **Annahmeprüfung** (acceptance inspection)

Qualitätsprüfung (1.5.6.10) zur Feststellung, ob ein Produkt wie bereitgestellt oder geliefert annehmbar ist.

**Anmerkung 1:** Die Zuständigkeit für Annahmeprüfungen ist in der Anmerkung zu Eingangsprüfung (3.1.3), in der Anmerkung 3 zu Ablieferungsprüfung (3.1.9.1) sowie in der Anmerkung 2 zu Abnahmeprüfung (3.1.9.2) behandelt.

**Anmerkung 2:** Werden Annahmeprüfungen anhand von Stichproben durchgeführt, so handelt es sich um eine *„Annahmestichprobenprüfung“* (3.1.15.1).

**Anmerkung 3:** Die Annahmeprüfung kann mit der Endprüfung (3.1.7) zusammenfallen.

**Anmerkung 4:** Siehe auch Annahme (3.3).

### 3.1.9.1 Ablieferungsprüfung

Annahmeprüfung vor Ablieferung des Produkts.

**Anmerkung 1:** Es muß festgelegt sein, auf welche Qualitätsmerkmale (1.9.3) sich eine Ablieferungsprüfung bezieht.

**Anmerkung 2:** Auch innerhalb derselben Organisation können Ablieferungsprüfungen vorkommen.

**Anmerkung 3:** Wenn nichts anderes vereinbart wurde, ist derjenige für die Ablieferungsprüfung zuständig, der für die Erfüllung der Qualitätsforderung (1.4) verantwortlich ist.

**Anmerkung 4:** Die Ablieferungsprüfung kann mit der Endprüfung (3.1.7) zusammenfallen.

### 3.1.9.2 Abnahmeprüfung

Annahmeprüfung auf Veranlassung und unter Beteiligung des Abnehmers oder seines Beauftragten.

**Anmerkung 1:** Die Abnahmeprüfung ist zu unterscheiden von der *„Abnahme“* im Sinne BGB § 640 und § 433 Absatz 2. Die Abnahmeprüfung steht stets in sachlichem, jedoch nicht notwendigerweise in einem unmittelbaren zeitlichen Zusammenhang mit der Abnahme.

**Anmerkung 2:** Die Abnahmeprüfung kann durch den Empfänger der Leistung selbst, durch den Lieferanten im Beisein des Empfängers oder eines von ihm Beauftragten, oder durch einen von ihm beauftragten Dritten durchgeführt werden, z.B. durch einen Sachverständigen.

**Anmerkung 3:** Die Abnahmeprüfung kann sowohl beim Lieferer als auch beim Abnehmer als auch an einer neutralen Stelle als auch teilweise hier und dort erfolgen.

**Anmerkung 4:** Für die Abnahmeprüfung, die stets vor dem Gefahrübergang gemäß BGB § 446 und § 447 erfolgt, wird vielfach vereinbart, daß der Abnehmer die Abnahmeprüfung in Verbindung mit der Endprüfung (3.1.7) durchführt oder mindestens an dieser teilnimmt.

### 3.1.10 100%-Prüfung (100% inspection)

Qualitätsprüfung (1.5.6.10) an allen Einheiten eines Prüfloses (1.10.2.4).

**Anmerkung 1:** Eine 100%-Prüfung, bei welcher die Einheiten (1.1) entsprechend den Ermittlungsergebnissen zur weiteren Verwendung in Klassen eingeordnet werden, heißt *„Klassierprüfung"*. Siehe Klassenbildung (2.1).

**Anmerkung 2:** Verschiedentlich auch *„Stückprüfung"*.

### 3.1.10.1 Sortierprüfung (screening inspection)

100%-Prüfung, bei der sämtliche gefundenen fehlerhaften Einheiten (1.6.3) aussortiert werden.

**Anmerkung:** Das Verhältnis der bei einer Sortierprüfung gefundenen zu den vorher im Prüflos vorhandenen fehlerhaften Einheiten bezeichnet man als *Sortierwirkungsgrad*. Der Sortierwirkungsgrad ist im allgemeinen um so kleiner, je kleiner der Anteil fehlerhafter Einheiten vor der Sortierprüfung ist.

### 3.1.10.2 Sonderfreigabe (concession; waiver/production permit; deviation permit)

Zustimmung zur Freigabe fehlerhafter Einheiten (1.6.3).

**Anmerkung 1:** Man unterscheidet zwischen der Sonderfreigabe geprüfter Einheiten (concession; waiver) und der Sonderfreigabe vor der Realisierung von Einheiten (production permit; deviation permit).

**Anmerkung 2:** Bei der Sonderfreigabe vor der Realisierung muß die Anzahl der Einheiten oder der Zeitraum festliegen. Auch bei der Sonderfreigabe geprüfter Einheiten sollte eine dieser Begrenzungen festgelegt sein.

**Anmerkung 3:** Im Vertragsfall werden Sonderfreigaben in der Regel schriftlich erteilt.

**Anmerkung 4:** Mißverständliche Benennungen einer Sonderfreigabe wie *„Qualitätszugeständnis"*, *„Prüfausnahme"*, *„Abweichungsgenehmigung"*, *„Risikofreigabe"* sollte man vermeiden.

### 3.1.11 Vollständige Qualitätsprüfung

Qualitätsprüfung (1.5.6.10) hinsichtlich aller Qualitätsmerkmale (1.9.3).

**Anmerkung 1:** Alle Qualitätsmerkmale, auf welche sich die vollständige Qualitätsprüfung bezieht, müssen festgelegt sein.

**Anmerkung 2:** Die Benennung „Vollprüfung" hierfür soll vermieden werden, weil bei ihrer Benutzung Verwechslungen mit der 100%-Prüfung (3.1.10) leichter möglich sind.

### 3.1.12 Erstprüfung

Erste in einer Folge von vorgesehenen oder zugelassenen Qualitätsprüfungen (1.5.6.10).

**Anmerkung 1:** Erstprüfungen gibt es demnach nur, wenn wiederkehrende Prüfung (3.1.14) vorgesehen oder Wiederholungsprüfung (3.1.13) zugelassen ist.

**Anmerkung 2:** Von der Erstprüfung ist die *Erstmusterprüfung* zu unterscheiden, bei der ein Erstmuster (3.9.6) geprüft wird.

**3.1.13 Wiederholungsprüfung**
Qualitätsprüfung (1.5.6.10) nach unerwünschtem Ergebnis der vorausgegangenen in einer Folge von zugelassenen Qualitätsprüfungen an einer Einheit (1.1) gleicher Art oder an einer nachgebesserten Einheit.

**3.1.14 Wiederkehrende Prüfung**
Qualitätsprüfung (1.5.6.10) nach für die Wiederkehr vorgegebenen Regeln in einer Folge von vorgesehenen Qualitätsprüfungen an derselben Einheit (1.1).

**Anmerkung:** Auch *„Regelprüfung“*, insbesondere im Fall der wiederkehrenden Qualifikationsprüfung (3.1.5).

**3.1.15 Statistische Qualitätsprüfung** (statistical quality inspection and test)
Qualitätsprüfung (1.5.6.10), bei der statistische Methoden angewendet werden.

**Anmerkung:** Insbesondere gehört zur statistischen Qualitätsprüfung die Annahmestichprobenprüfung (3.1.15.1) sowie die Qualitätsprüfung anhand von Qualitätsregelkarten (3.4.1).

**3.1.15.1 Annahmestichprobenprüfung** (acceptance sampling inspection)
Statistische Qualitätsprüfung anhand einer oder mehrerer Stichproben (1.10.6) zur Feststellung der Annehmbarkeit eines Prüfloses (1.10.2.4) nach einer Stichprobenanweisung (3.2.1.1).

**Anmerkung 1:** Zur Vorbereitung einer Annahmestichprobenprüfung kann ein sogenannter *Vorlauf* durchgeführt werden, also eine „Beobachtung eines Prozesses durch Entnahme mehrerer Stichproben kleinen Umfangs in vorgegebenen Abständen unter gleichbleibenden Bedingungen“. Der Zweck des Vorlaufs richtet sich nach dem Zweck der Annahmestichprobenprüfung. Beispiele sind die Vorbereitung der Qualitätslenkung mit vermindertem Prüfumfang oder die Sicherstellung einer kontinuierlichen Annahmeprüfung mit vermindertem Prüfumfang.

**Anmerkung 2:** Im Gegensatz dazu werden bei einer 100%-Prüfung (3.1.10) alle Einheiten des Prüfloses geprüft.

**3.1.15.2 Attributprüfung** (inspection by attributes)
Annahmestichprobenprüfung, bei der anhand der Anzahl fehlerhafter Einheiten (1.6.3) oder der Anzahl der Fehler (1.6) in den einzelnen Stichproben die Annehmbarkeit des Prüfloses (1.10.2.4) festgestellt wird.

**Anmerkung:** Weil an der Stichprobeneinheit (1.10.5.6) nur das Alternativmerkmal (siehe 1.9.2.2), „fehlerhaft“ oder „nicht fehlerhaft“ festgestellt wird, spricht man auch von einer *„Annahmestichprobenprüfung anhand qualitativer Merkmale“*.

**3.1.15.3 Variablenprüfung** (inspection by variables)
Annahmestichprobenprüfung, bei der anhand der an den Stichprobeneinheiten

(1.10.5.6) ermittelten Istwerte (1.9.6.2) die Annehmbarkeit des Prüfloses (1.10.4.2) festgestellt wird.

**Anmerkung:** Weil an der Stichprobeneinheit (1.10.5.6) mit den Istwerten die Beobachtungswerte einer Größe festgestellt werden, spricht man auch von einer *„Annahmestichprobenprüfung anhand quantitativer Merkmale"*.

**3.1.15.4 Einfach-Stichprobenprüfung** (single sampling inspection)
Annahmestichprobenprüfung anhand einer einzigen Stichprobe (1.10.6).

**3.1.15.5 Doppel-Stichprobenprüfung** (double sampling inspection)
Annahmestichprobenprüfung anhand von maximal zwei Stichproben (1.10.6).

**Anmerkung:** Je nach dem Ergebnis kann das Prüflos schon aufgrund der ersten Stichprobe oder erst aufgrund der zweiten Stichprobe beurteilt werden.

**3.1.15.6 Mehrfach-Stichprobenprüfung** (multiple sampling inspection)
Annahmestichprobenprüfung anhand von maximal m Stichproben (1.10.6), wobei m mindestens 3 ist.

**Anmerkung:** Je nach dem Ergebnis kann das Prüflos schon aufgrund der ersten Stichprobe, oder erst aufgrund einer weiteren, spätestens aufgrund der m-ten Stichprobe beurteilt werden. Ob im Verlauf dieser Prüfung jeweils eine weitere Stichprobe heranzuziehen ist, hängt vom Ergebnis aller vorhergehenden Stichproben ab.

**3.1.15.7 Sequentielle Stichprobenprüfung** (sequential sampling inspection)
Annahmestichprobenprüfung, bei der es im Verlauf der Prüfung von allen vorhergehenden Ergebnissen abhängt, ob jeweils eine weitere Einheit oder Stichprobe heranzuziehen ist.

**Anmerkung 1:** Bei der sequentiellen Stichprobenprüfung ist die Anzahl der heranzuziehenden Einheiten oder Stichproben nicht vorgegeben. In Sonderfällen kann eine Höchstanzahl (siehe Höchstwert (1.9.5.6)) vorgegeben sein.

**Anmerkung 2:** Auch *„Folge-Stichprobenprüfung"*.

**3.2 Stichprobensystem** (sampling system)
Zusammenstellung von Stichprobenplänen (3.2.1) mit Regeln für ihre Anwendung.

**Anmerkung:** Beispielsweise wird durch solche Regeln festgelegt, wann und unter welchen Umständen von normaler Prüfung (3.2.2.3) auf verschärfte Prüfung (3.2.2.4) übergegangen werden muß und umgekehrt.

**3.2.1 Stichprobenplan** (sampling scheme)
Zusammenstellung von Stichprobenanweisungen (3.2.1.1) nach übergeordneten Gesichtspunkten, die sich aus dem Stichprobensystem ergeben.

**Anmerkung:** Als übergeordneter Gesichtspunkt dient vorwiegend die annehmbare Qualitätsgrenzlage (3.2.4.3) oder der maximale Durchschlupf (3.2.4.8).

**3.2.1.1 Stichprobenanweisung** (sampling plan)
Anweisung über den Umfang der zu entnehmenden Stichprobe(n) (1.10.6) sowie über die Kriterien für die Feststellung der Annehmbarkeit des Prüfloses (1.10.2.4).

**Anmerkung 1:** Als Kriterien dienen z.B. Annahmezahlen (3.3.1), Rückweisezahlen (3.3.5.1) und Annahmefaktoren (3.3.3).

**Anmerkung 2:** Die Stichprobenanweisung enthält die Anweisung zum Verfahren der Stichprobenentnahme nicht.

### 3.2.2 Prüfschärfe

Aus Trennvermögen (3.2.2.1) und Bewertungsschärfe (3.2.2.2) zusammengesetztes Maß für die Leistungsfähigkeit einer Stichprobenanweisung (3.2.1.1).

**Anmerkung:** Als Prüfschärfe kann z.B. das Produkt aus Trennvermögen (3.2.2.1) und Bewertungsschärfe (3.2.2.2) angewendet werden.

### 3.2.2.1 Trennvermögen

Maß für die relative Steilheit einer Operationscharakteristik (3.2.4).

**Anmerkung 1:** Als Trennvermögen kann z.B. der Wert

$$T = p'_{50}/(p'_{50} - p'_{90})$$

verwendet werden, wobei p' der Abszissenwert zur Annahmewahrscheinlichkeit (3.2.4.1) $P_a$ der Oprationscharakteristik ist ($P_a$ = 50 bzw. 90 Prozent).

**Anmerkung 2:** Bei gleichem Trennvermögen kann mit unterschiedlicher Bewertungsschärfe (3.2.2.2) geprüft werden.

### 3.2.2.2 Bewertungsschärfe

Maß für die Lage einer Operationscharakteristik (3.2.4).

**Anmerkung 1:** Als Bewertungsschärfe kann z.B. der Wert $B = 1/p'_{50}$ verwendet werden, wobei $p'_{50}$ der *„Fünfzigprozentpunkt"* der Operationscharakteristik (3.2.4) ist.

**Anmerkung 2:** Bei gleicher Bewertungsschärfe kann mit unterschiedlichem Trennvermögen (3.2.2.1) geprüft werden.

### 3.2.2.3 Normale Prüfung (normal inspection)

Prüfung nach einer Stichprobenanweisung (3.2.1.1), deren Operationscharakteristik (3.2.4) im Zusammenhang mit weiteren Regeln des betreffenden Stichprobensystems (3.2) bezüglich ihrer Prüfschärfe (3.2.2) für den Normalfall als angemessen angesehen wird.

### 3.2.2.4 Verschärfte Prüfung (tightened inspection; increased inspection)

Prüfung nach einer Stichprobenanweisung (3.2.1.1), deren Prüfschärfe (3.2.2) größer ist als bei normaler Prüfung (3.2.2.3).

**Anmerkung 1:** Bei Annahmestichprobenprüfung anhand qualitativer Merkmale (Attributprüfung (3.1.15.2)) kann die Prüfschärfe durch Vergrößerung des Stichprobenumfangs (1.10.5.7), durch Verkleinerung der Annahme- und Rückweisezahlen (3.3.1 und 3.3.5.1) oder durch beides vergrößert werden.

**Anmerkung 2:** Wird nur der Stichprobenumfang vergrößert, spricht man von einer „increased inspection". Wenn Annahme- und Rückweisezahlen verkleinert werden, spricht man von einer „tightened inspection", und zwar unabhängig davon, ob der Stichprobenumfang gleich bleibt oder vergrößert wird.

**3.2.2.5 Reduzierte Prüfung** (reduced inspection)
Prüfung nach einer Stichprobenanweisung (3.2.1.1), deren Prüfschärfe (3.2.2) kleiner ist als bei normaler Prüfung (3.2.2.3).

**3.2.3 Qualitätslage** (quality level)

*Bei quantitativen Merkmalen* (1.9.1):
Werte von Kenngrößen (2.4.3), bezogen auf die vorgegebenen Merkmalswerte (1.9.5).

*Bei qualitativen Merkmalen* (1.9.2):
Anteil fehlerhafter Einheiten (1.6.3) oder Anzahl Fehler (1.6) je hundert Einheiten im Los (1.10.2).

> **Anmerkung 1:** Siehe auch Anmerkung 3 zu fehlerhafte Einheit (1.6.3).
>
> **Anmerkung 2:** Die Darstellung der Qualitätslage bei quantitativen Merkmalen mit unterschiedlichen Kenngrößen wird auch *„normierte Qualitätsbeurteilung"* genannt.

**3.2.3.1 Mittlere Qualitätslage** (process average)
Mittelwert (2.4.4.1) der Qualitätslagen aus einer Serie von Fertigungslosen (1.10.2.2).

> **Anmerkung:** Auch *„Durchschnittliche Herstellqualität".*

**3.2.4 Operationscharakteristik** (operating characteristic curve)
Für eine Annahmestichprobenprüfung (3.1.15.1) die Annahmewahrscheinlichkeit (3.2.4.1) eines Prüfloses (1.10.2.4) als Funktion seiner Qualitätslage (3.2.3).

> **Anmerkung 1:** Kurzbezeichnung „OC".
>
> **Anmerkung 2:** Siehe Anmerkung 3 zu Fehler 2. Art (2.8.7).
>
> **Anmerkung 3:** Zur Beurteilung einer OC wird häufig deren grafische Darstellung angewendet. Dafür sind unterschiedliche Koordinatenteilungen üblich. Gleiche OC führen deshalb zu visuell unterschiedlichen Kurvenverläufen, was bei deren Vergleich und Beurteilung zu beachten ist.
>
> **Anmerkung 4:** Die Benennung *„Annahmekennlinie"* wird nicht empfohlen, weil aus einer OC auch Rückweisewahrscheinlichkeiten (3.2.4.2) entnommen werden können, und weil diese Benennung beim Export einer Erläuterung bedarf.

**3.2.4.1 Annahmewahrscheinlichkeit** (probability of acceptance)
Wahrscheinlichkeit, mit der ein Prüflos (1.10.2.4) aufgrund einer Stichprobenanweisung (3.2.1.1) angenommen wird.

> **Anmerkung 1:** Kurzbezeichnung $P_a$.
>
> **Anmerkung 2:** Die Annahmewahrscheinlichkeit hängt von der Qualität (1.5) des Prüfloses ab, z.B. von dessen Qualitätslage (3.2.3).

**3.2.4.2 Rückweisewahrscheinlichkeit** (probability of rejection)
Wahrscheinlichkeit, mit der ein Prüflos (1.10.2.4) aufgrund einer Stichprobenanweisung (3.2.1.1) rückgewiesen wird.

> **Anmerkung:** Die Rückweisewahrscheinlichkeit hängt von der Qualität (1.5) des Prüfloses ab, z.B. von dessen Qualitätslage (3.2.3).

**3.2.4.3 Annehmbare Qualitätsgrenzlage** (acceptable quality level)
Qualitätslage (3.2.3), der eine vorgegebene große Annahmewahrscheinlichkeit (3.2.4.1) zugeordnet ist.

**Anmerkung 1:** Kurzbezeichnung *AQL*.

**Anmerkung 2:** Im international genormten Stichprobensystems (3.2) anhand qualitativer Merkmale gemäß DIN 40080 ist die Annahmewahrscheinlichkeit bei der AQL bei den Stichprobenanweisungen innerhalb eines Stichprobenplans um so größer, je größer das Trennvermögen (3.2.2.1) ist.

**Anmerkung 3:** Das aufgrund der AQL festgelegte Prüfkriterium geht davon aus, daß der Abnehmer nur Prüflose mit einem kleineren Wert der Qualitätslage annehmen möchte.

**Anmerkung 4:** Nur wenn die mittlere Qualitätslage (3.2.3.1) unter der AQL liegt, sind die Rückweisewahrscheinlichkeiten (3.2.4.2) und damit das tatsächliche Risiko des Lieferanten wirtschaftlich tragbar.

**3.2.4.4 Rückzuweisende Qualitätsgrenzlage** (limiting quality level)
Qualitätslage (3.2.3), der eine vorgegebene kleine Annahmewahrscheinlichkeit (3.2.4.1) zugeordnet ist.

**Anmerkung 1:** Kurzbezeichnung *LQL* oder *LQ*. Englische Kurzbezeichnung auch RQL (rejectable quality level).

**Anmerkung 2:** Im international genormten Stichprobensystem (3.2) anhand qualitativer Merkmale gemäß DIN 40080 ist die Rückweisewahrscheinlichkeit bei der LQL bei den Stichprobenanweisungen innerhalb eines Stichprobenplans um so kleiner, je größer das Trennvermögen (3.2.2.1) ist.

**Anmerkung 3:** Das aufgrund der LQL festgelegte Prüfkriterium geht davon aus, daß der Abnehmer Prüflose mit einem größeren Wert der Qualitätslage nicht annehmen möchte.

**3.2.4.5 Lieferantenrisiko** (producers risk)
Rückweisewahrscheinlichkeit (3.2.4.2) für ein Los (1.10.2), dessen Qualitätslage (3.2.3) gleich der annehmbaren Qualitätsgrenzlage (3.2.4.3) ist.

**Anmerkung 1:** Kurzbezeichnung *PR*.

**Anmerkung 2:** Vom so definierten *„nominellen Lieferantenrisiko"* ist die zur tatsächlichen Qualitätslage eines Loses gehörige Rückweisewahrscheinlichkeit zu unterscheiden, die für den Lieferanten das tatsächliche Risiko einer Rückweisung dieses Loses darstellt.

**3.2.4.6 Abnehmerrisiko** (consumers risk)
Annahmewahrscheinlichkeit (3.2.4.1) für ein Los (1.10.2), dessen Qualitätslage (3.2.3) gleich der rückzuweisenden Qualitätsgrenzlage (3.2.4.4) ist.

**Anmerkung 1:** Kurzbezeichnung *CR*.

**Anmerkung 2:** Vom so definierten *„nominellen Abnehmerrisiko"* ist die zur tatsächlichen Qualitätslage eines Loses gehörige Annahmewahrscheinlichkeit zu unterscheiden, die für den Abnehmer das tatsächliche Risiko einer Annahme dieses Loses darstellt.

**3.2.4.7 Durchschlupf** (average outgoing quality)
Erwartungswert (2.4.4) der Qualitätslage (3.2.3) nach der Annahmestichprobenprüfung (3.1.15.1) unter der Annahme einer Sortierprüfung (3.1.10.1) der rückgewiesenen Prüflose (1.10.2.4) bei vorgegebenen Voraussetzungen.

**Anmerkung 1:** Kurzbezeichnung *AOQ*.

**Anmerkung 2:** Die Definition ist eine Kombination aus der DIN-Definition 1985 (DIN 55350 Teil 31) und der ISO-Definition 1986 (ISO/DIS 3534/2) ohne inhaltlichen Widerspruch.

**Anmerkung 3:** Am gebräuchlichsten ist es, als Voraussetzung vorzugeben, daß die aus den rückgewiesenen Prüflosen aussortierten fehlerhaften Einheiten (1.6.3) durch fehlerfreie ersetzt oder alle Fehler beseitigt werden.

**Anmerkung 4:** Der Wert des Durchschlupfs hängt davon ab, ob die Voraussetzung gemäß Anmerkung 2 zutrifft oder nicht, ob die in den Stichproben der angenommenen Prüflose gefundenen fehlerhaften Einheiten ebenfalls aussortiert werden oder nicht, und ob sie im Fall der Aussortierung durch fehlerfreie ersetzt werden oder nicht.

**Anmerkung 5:** Der Durchschlupf für eine Stichprobenanweisung (3.2.1.1) ist eine Funktion der Qualitätslage vor der Annahmestichprobenprüfung. Diese Funktion hat ein Maximum (3.2.4.8).

**3.2.4.8 Maximaler Durchschlupf** (average outgoing quality limit)
Maximum des Durchschlupfs (3.2.4.7) bei einer Stichprobenanweisung (3.2.1.1).

**Anmerkung 1:** Kurzbezeichnung *AOQL*.

**Anmerkung 2:** Der Durchschlupf für eine Stichprobenanweisung (3.2.1.1) ist eine Funktion der Qualitätslage vor der Annahmestichprobenprüfung. Diese Funktion hat ein Maximum.

**3.3 Annahme** (acceptance)
Feststellung, daß die Kriterien für die Annehmbarkeit des Prüfloses (1.10.2.4) erfüllt sind.

**Anmerkung:** Die ISO-Definition 1986 lautet: „Auf die gewonnene Stichprobeninformation gegründete Schlußfolgerung, daß ein Prüflos die Qualitätsforderung erfüllt".

**3.3.1 Annahmezahl** (acceptance number)
In Stichprobenanweisungen (3.2.1.1) zur Attributprüfung (3.1.15.2) festgelegte Höchstanzahl fehlerhafter Einheiten (1.6.3) oder festgelegte Höchstanzahl von Fehlern (1.6) in den Stichproben, bei denen das Prüflos (1.10.2.4) angenommen wird.

**Anmerkung:** Der Annahmezahl bei Attributprüfung entspricht der Annahmefaktor (3.3.3) bei Variablenprüfung.

**3.3.2 Qualitätszahl** (quality number)
Anläßlich einer Variablenprüfung (3.1.15.3) gewonnener Schätzwert (2.4.3.2) zur Beschreibung der Verteilung (2.5) von Istwerten (1.9.6.2) in bezug auf einen Grenzwert (1.9.5.4), einen Grenzbetrag (1.9.5.7) oder ein Grenzquantil (1.9.5.14).

**Anmerkung 1:** Als Qualitätszahl wird üblicherweise das Verhältnis des Grenzwertabstandes (1.9.6.6) des Mittelwerts (2.4.4.1) der Stichprobenwerte zu deren Standardabweichung (2.4.7.4) verwendet. Die Qualitätszahl hat demnach die Dimension 1.

**Anmerkung 2:** Wenn die Voraussetzung Normalverteilung nicht zutrifft, sind Qualitätszahlen entsprechend zu bewerten.

**Anmerkung 3:** Andere Kennzahlen zur Beschreibung der Qualität (1.5) von Einheiten heißen *„Qualitätskennzahlen"*. Siehe hierzu auch die DGQ-Schrift Nr. 14–23 „Qualitätskennzahlen (QKZ) und Qualitätskennzahlen-Systeme".

### 3.3.3 **Annahmefaktor** (acceptance constant)

In Stichprobenanweisungen zur Variablenprüfung (3.1.15.3) festgelegter Mindestwert (1.9.5.5) der Qualitätszahl (3.3.2) in den Stichproben, bei dem das Prüflos (1.10.2.4) angenommen wird.

**Anmerkung:** Dem Annahmefaktor bei Variablenprüfung entspricht die Annahmezahl (3.3.1) bei Attributprüfung (die frühere englische Bezeichnung war „acceptance factor").

### 3.3.4 **Qualitätsfaktor** (factor of quality)

Qualitätszahl (3.3.2) dividiert durch Annahmefaktor (3.3.3).

**Anmerkung:** Qualitätsfaktoren folgen meist näherungsweise einer Lognormalverteilung (vgl. parametrische Verteilungen (2.5.4)).

### 3.3.5 **Rückweisung** (rejection)

Feststellung, daß die Kriterien für die Annehmbarkeit des Prüfloses (1.10.2.4) nicht erfüllt sind.

**Anmerkung 1:** Die Rückweisung ist demnach eine verweigerte Annahme (3.3).

**Anmerkung 2:** Die Wahrscheinlichkeit, mit welcher ein Prüflos aufgrund einer Stichprobenanweisung rückgewiesen wird, heißt „Rückweisewahrscheinlichkeit" (3.2.4.2). Sie ist abhängig von der Qualität des Prüfloses, beispielsweise von dessen Qualitätslage (3.2.3).

**Anmerkung 3:** Die Entscheidung über die weitere Behandlung (1.6.3.2) oder über die Verwendung eines rückgewiesenen Prüfloses richtet sich nach der betreffenden Situation und/oder der bestehenden Vereinbarung, z.B. Aussortieren, Nacharbeiten, Zurückschicken, als 2. Wahl verkaufen.

### 3.3.5.1 **Rückweisezahl** (rejection number)

In Stichprobenanweisungen (3.2.1.1) zur Attributprüfung (3.1.15.2) festgelegte Mindestanzahl fehlerhafter Einheiten (1.6.3) oder festgelegte Mindestanzahl von Fehlern (1.6) in den Stichproben, bei denen das Prüflos (1.10.2.4) rückgewiesen wird.

**Anmerkung:** Bei Einfach-Stichprobenprüfung (3.1.15.4) nach dem genormten Stichprobensystem gemäß DIN 40080 ist die Rückweisezahl gleich Annahmezahl plus Eins.

### 3.3.6 **Qualitätskennzahl**

Relativer oder normierter, entsprechend dem ausgewählten Qualitätskennzahlensystem ermittelter Kennwert zur Beurteilung der Qualität (1.5) einer Serienfertigung.

**Anmerkung 1:** Kurzbezeichnung *QKZ*.

**Anmerkung 2:** Die Beurteilung der Qualität kann auch dem Vergleich mit einer standardisierten Qualitätsforderung (1.4) dienen.

**Anmerkung 3:** QKZ verschiedener QKZ-Systeme sind nicht oder nur bedingt miteinander vergleichbar.

**Anmerkung 4:** Siehe DGQ-Schrift Nr. 14–23: „Qualitätskennzahlen und Qualitätskennzahlen-Systeme".

#### 3.3.7 **Korrekturmaßnahme** (corrective action)

Maßnahme zur Beseitigung einer Fehlerursache.

**Anmerkung:** Korrekturmaßnahmen sind zu unterscheiden von der *Behandlung fehlerhafter Einheiten* (1.6.3.2) und von den Maßnahmen der Fehlerverhütung.

### 3.4 Grafische Hilfsmittel

**Anmerkung:** Die Bedeutung von grafischen Hilfsmitteln wächst mit der Anwendung von rechnergesteuerten automatischen Zeichengeräten bei der Auswertung von quantitativen Meßergebnissen zum Zweck der Qualitätsbeurteilung. So ist beispielsweise die maschinelle Einzeichnung einer empirischen Verteilungsfunktion (2.5.2) in ein Wahrscheinlichkeitsnetz mit vorab eingetragenem abgestuftem Toleranzbereich (1.9.5.24) unmittelbar nach Entstehung der Meßwerte möglich.

#### 3.4.1 **Qualitätsregelkarte** (control chart)

Formblatt zur grafischen Darstellung von Werten, die bei der Prüfung an einer fortlaufenden Reihe von Stichproben (1.10.6) anfallen und nach ihrer Eintragung zum Zweck der Qualitätslenkung (1.5.6.6) mit Warn- und/oder Eingriffsgrenzen verglichen werden.

**Anmerkung 1:** Qualitätsregelkarten dienen u.a. der Feststellung, ob der beobachtete Prozeß beherrscht ist (siehe beherrschter Prozeß (3.6)).

**Anmerkung 2:** Je nach Art und Anzahl der eingetragenen Istwerte (1.9.6.2) unterscheidet man die verschiedenen Arten von Qualitätsregelkarten, beispielsweise Mittelwertkarte, Spannweitenkarte, Fehleranteilkarte, einspurige und zweispurige Qualitätsregelkarte.

**Anmerkung 3:** Die Qualitätsregelkarte enthält häufig eine Mittellinie, um die Feststellung eines Trends der eingetragenen Werte zu einer der Warn- oder Eingriffsgrenzen hin zu erleichtern.

**Anmerkung 4:** Die richtige Benennung wäre *„Qualitätslenkungskarte"*. Die vielfach noch gebräuchliche Benennung *„Kontrollkarte"* wird nicht empfohlen, weil „Kontrolle" einen anderen Begriffsinhalt hat als „control". Siehe auch „Qualitätskontrolle" (1.5.6.11).

##### 3.4.1.1 **Warngrenze** (warning limit)

In eine Qualitätsregelkarte eingetragener Höchstwert (1.9.5.6) oder Mindestwert

(1.9.5.5), unterhalb oder oberhalb dessen die einzutragenden Istwerte (1.9.6.2) mit großer Wahrscheinlichkeit liegen, solange der Prozeß beherrscht ist (3.6).

**Anmerkung 1:** Istwerte außerhalb der Warngrenzen, jedoch innerhalb der Eingriffsgrenzen zeigen, daß eine verschärfte Überwachung des Prozesses nötig ist, um zu verhindern, daß der Prozeß in den Zustand „nicht beherrscht" übergeht, was aber nicht notwendigerweise bereits Maßnahmen auslösen muß.

**Anmerkung 2:** Warngrenzen liegen innerhalb der Eingriffsgrenzen (3.4.1.2).

**Anmerkung 3:** Der Abstand der Warngrenze(n) vom Bezugswert kann entweder ausschließlich nach statistischen Gesichtspunkten oder zusätzlich unter Berücksichtigung einer Qualitätsforderung (1.4) festgelegt werden. Es ist nicht zweckmäßig, diesen Unterschied durch die Benennungen „Qualitätsregelkarte ohne und mit Toleranzvorgabe" zu kennzeichnen, weil in beiden Fällen Grenzwerte oder Toleranzbereiche festgelegt sind.

### 3.4.1.2 Eingriffsgrenze (action limit)

In eine Qualitätsregelkarte eingetragener Höchstwert (1.9.5.6) oder Mindestwert (1.9.5.5), bei dessen Über- oder Unterschreitung durch Istwerte (1.9.6.2) eine Korrektur des Prozesses und/oder eine Klärung der Ursache für die Änderung des Prozesses nötig ist.

**Anmerkung 1:** International wird, als dritte Grenze für Qualitätsregelkarten, die *„Qualitätslenkungsgrenze"* (control limit) definiert: „In eine Qualitätsregelkarte eingetragener Höchstwert (1.9.5.6) oder Mindestwert (1.9.5.5), unterhalb oder oberhalb dessen die einzutragenden Istwerte (1.9.6.2) mit sehr großer Wahrscheinlichkeit liegen, solange der Prozeß beherrscht ist (3.6)". Diese Grenze liegt zwischen Warn- und Eingriffsgrenze.

**Anmerkung 2:** Die Anmerkung 3 zu Warngrenze (3.4.1.1) gilt sinngemäß.

### 3.4.2 Wahrscheinlichkeitsnetz

Formblatt zur grafischen Darstellung von Wahrscheinlichkeitsverteilungen (2.5.3) zwecks vereinfachter Analyse.

**Anmerkung 1:** Die vereinfachte Analyse wird in der Regel dadurch ermöglicht, daß in das Netz eingetragene Häufigkeitssummen (2.1.6.2) dann näherungsweise eine Punktfolge entlang einer Geraden ergeben, wenn die empirische Verteilungsfunktion (2.5.2) dem theoretischen Modell der Verteilungsfunktion (2.5.3.5) entspricht, das dem Wahrscheinlichkeitsnetz zugrundeliegt.

**Anmerkung 2:** Je nach Art des theoretischen Verteilungsmodells unterscheidet man verschiedene Arten von Wahrscheinlichkeitsnetzen, z. B. solche für Normalverteilungen mit linearer oder logarithmischer Merkmalsteilung, Netze für Betragsverteilungen 1. und 2. Art, Lebensdauernetze.

## 3.5 Genauigkeit (accuracy)

Qualitative Bezeichnung für das Ausmaß der Annäherung von Ermittlungsergebnissen an den Bezugswert, wobei dieser je nach Festlegung oder Vereinbarung der wahre Wert (3.5.3.3), der richtige Wert (3.5.3.4), oder der Erwartungswert (2.4.4) sein kann.

**Anmerkung 1:** Es wird dringend davon abgeraten, quantitative Angaben für dieses Ausmaß der Annäherung mit der Benennung „Genauigkeit" zu versehen. Für quantitative Angaben gilt der Begriff *Ergebnisunsicherheit*, bei Meßergebnissen der Begriff *Meßunsicherheit* (3.5.4).

**Anmerkung 2:** Die Genauigkeit bezieht man nur dann auf den Erwartungswert (2.4.4), wenn kein wahrer (oder richtiger) Wert existiert. In diesem Fall ist der Begriff Richtigkeit (3.5.1) nicht anwendbar. Angaben über die Präzision (3.5.2) sind dann gleichzeitig Genauigkeitsangaben.

**Anmerkung 3:** Bei einem Meßergebnis ist die Genauigkeit durch die Sorgfalt beim Ausschalten bekannter systematischer Meßabweichungen (3.5.2.1) und durch die Meßunsicherheit (3.5.4) bestimmt.

### 3.5.1 Richtigkeit (trueness; früher: accuracy of the mean)

Qualitative Bezeichnung für das Ausmaß der Annäherung des Erwartungswertes des Ermittlungsergebnisses an den Bezugswert, wobei dieser je nach Festlegung oder Vereinbarung der wahre Wert (3.5.3.3) oder der richtige Wert (3.5.3.4) sein kann.

**Anmerkung 1:** Je kleiner die systematische Ergebnisabweichung (vgl. 3.5.3.1) ist, um so richtiger arbeitet das Ermittlungsverfahren.

**Anmerkung 2:** Bei quantitativen Angaben wird als Maß für die Richtigkeit im allgemeinen diejenige systematische Ergebnisabweichung verwendet, die sich als Differenz zwischen dem Mittelwert der Ermittlungsergebnisse, die bei mehrfacher Anwendung des festgelegten Ermittlungsverfahrens festgestellt wurden, und dem richtigen Wert (3.5.3.4) ergibt.

**Anmerkung 3:** Früher auch *„Treffgenauigkeit"*.

### 3.5.2 Präzision (precision)

Qualitative Bezeichnung für das Ausmaß der gegenseitigen Annäherung voneinander unabhängiger Ermittlungsergebnisse bei mehrfacher Anwendung eines festgelegten Ermittlungsverfahrens unter vorgegebenen Bedingungen.

**Anmerkung 1:** Je größer das Ausmaß der gegenseitigen Annäherung der voneinander unabhängigen Ermittlungsergebnisse ist, je kleiner also die zufälligen Ergebnisabweichungen sind, um so präziser arbeitet das Ermittlungsverfahren.

**Anmerkung 2:** Die vorgegebenen Bedingungen können sehr unterschiedlich sein. Deshalb ist man übereingekommen, zwei Extremfälle zu betrachten, die Wiederholbedingungen und die Vergleichbedingungen (siehe Anmerkung 1 zu (3.5.2.1) und Anmerkung 1 zu 3.5.2.2)).

**Anmerkung 3:** Früher auch *„Wiederholgenauigkeit"*.

#### 3.5.2.1 Wiederholpräzision (repeatability)

Präzision unter Wiederholbedingungen.

**Anmerkung 1:** Bei der Gewinnung voneinander unabhängiger Ermittlungsergebnisse sind Wiederholbedingungen und Vergleichbedingungen zwei extrem unterschiedliche Bedingungen. *Wiederholbedingungen* bestehen in der wiederholten Anwendung eines festgelegten Ermittlungsverfahrens am identischen Objekt durch denselben Beobachter in kurzen Zeitabständen mit derselben Geräteausrüstung am selben Ort (im selben Labor).

**Anmerkung 2:** Die Ermittlungsergebnisse heißen *„Ergebnisse unter Wiederholbedingungen"*. Sie werden durch „Wiederhol-" gekennzeichnet, z.B. *„Wiederholmeßreihe", „Wiederholstandardabweichung", Wiederholvarianz"*.

**Anmerkung 3:** Wenn die Ermittlung am identischen Objekt nicht möglich ist, beispielsweise bei zerstörender Prüfung, dann versucht man, durch möglichst gleichartige Objekte die Wiederholbedingungen sicherzustellen.

**Anmerkung 4:** Früher *„Wiederholbarkeit (im qualitativen Sinne)"*.

### 3.5.2.2 Vergleichpräzision (reproducibility)

Präzision unter Vergleichbedingungen.

**Anmerkung 1:** Bei der Gewinnung voneinander unabhängiger Ermittlungsergebnisse sind Vergleichbedingungen und Wiederholbedingungen zwei extrem unterschiedliche Bedingungen. *Vergleichbedingungen* bestehen in der Anwendung des festgelegten Ermittlungsverfahrens am identischen Objekt durch verschiedene Beobachter mit verschiedenen Geräteausrüstungen an verschiedenen Orten (in verschiedenen Labors).

**Anmerkung 2:** Die Ermittlungsergebnisse heißen *„Ergebnisse unter Vergleichbedingungen"*. Sie werden durch „Vergleich-" gekennzeichnet, z.B. *„Vergleichstandardabweichung", „Vergleichvarianz"*.

**Anmerkung 3:** Anmerkung 3 zu Wiederholpräzision (3.5.2.1) gilt sinngemäß.

**Anmerkung 4:** Früher *„Vergleichbarkeit (im qualitativen Sinne)"*.

### 3.5.3 Meßabweichung (error of measurement)

Meßergebnis minus Bezugswert, wobei dieser je nach Festlegung oder Vereinbarung der wahre Wert (3.5.3.3), der richtige Wert (3.5.3.4) oder der Erwartungswert (2.4.4) sein kann.

**Anmerkung 1:** Ein Meßergebnis höherer Stufe kann durch Zusammenfassung mehrerer Meßergebnisse niedrigerer Stufe entstanden sein. Beispielsweise kann das Meßergebnis höherer Stufe der arithmetische Mittelwert aus mehreren einzelnen Meßergebnissen (als Meßergebnisse niedrigerer Stufe) sein.

**Anmerkung 2:** Meßabweichungen – die positiv und negativ sein können – werden unterteilt in zufällige, bekannte systematische und unbekannte systematische Meßabweichungen.

**Anmerkung 3:** Übliches Maß für die quantitative Erfassung von zufälligen und unbekannten systematischen Meßabweichungen ist die Meßunsicherheit (3.5.4).

**Anmerkung 4:** Früher „Fehler".

### 3.5.3.1 Systematische Meßabweichung (systematic error of measurement)

Bestandteil der Meßabweichung, der im Verlauf mehrerer Feststellungen konstant bleibt oder sich in einer vorhersehbaren Weise ändert.

**Anmerkung 1:** Prinzipiell ist als Bezugswert für systematische Meßabweichungen der wahre Wert (3.5.3.3) festgelegt. Er wird in der Praxis üblicherweise ersetzt durch den richtigen Wert (3.5.3.4).

**Anmerkung 2:** Sowohl die systematischen Meßabweichungen selbst als auch ihre Ursachen können bekannt oder unbekannt sein.

**Anmerkung 3:** Bekannte systematische Meßabweichungen werden in der Regel als *Korrektion* im Meßergebnis berücksichtigt, unbekannte systematische Meßabweichungen werden abgeschätzt und als *„Komponente der unbekannten systematischen Meßabweichungen"* in die Meßunsicherheit (3.5.4) einbezogen.

**Anmerkung 4:** Früher *„Systematischer Fehler"*.

### 3.5.3.2 Zufällige Meßabweichung (random error of measurement)

Bestandteil der Meßabweichung, der im Verlauf mehrerer Feststellungen nach Betrag und Vorzeichen in unvorhersehbarer Weise schwankt.

**Anmerkung 1:** Prinzipiell ist als Bezugswert für zufällige Meßabweichungen der Erwartungswert (2.4.4) festgelegt. In spezieller Anwendung auf Meßergebnisse ist er definiert als „das mittlere Meßergebnis, das aus der unablässig wiederholten Anwendung des unter vorgegebenen Bedingungen praktizierten Meßverfahrens gewonnen werden könnte" (unendliche Wiederholmeßreihe). Dieser Erwartungswert wird in der Praxis üblicherweise ersetzt durch den arithmetischen Mittelwert (2.4.4.1) einer ausgeführten (endlichen) Wiederholmeßreihe.

**Anmerkung 2:** Zufällige Meßabweichungen werden als *„Komponente der zufälligen Meßabweichungen"* in die Meßunsicherheit (3.5.4) einbezogen.

**Anmerkung 3:** Früher *„Zufälliger Fehler"*.

### 3.5.3.3 Wahrer Wert (true value)

Tatsächlicher Merkmalswert (1.9.4) unter den bei der Messung herrschenden Bedingungen.

**Anmerkung 1:** Oftmals ist der wahre Wert ein ideeller Wert, weil er sich nur dann feststellen ließe, wenn sämtliche Meßabweichungen (3.5.3) vermieden werden könnten. Es gibt Fälle, in denen er sich aus theoretischen Überlegungen ableiten läßt.

**Anmerkung 2:** Für den meist unbekannten wahren Wert ist der richtige Wert (3.5.3.4) ein Näherungswert.

**Anmerkung 3:** Der wahre Wert eines mathematisch-theoretischen Merkmals wird auch *„exakter Wert"* genannt.

### 3.5.3.4 Richtiger Wert (conventional true value)

Wert für Vergleichszwecke, dessen Abweichung (1.9.4.1) vom wahren Wert (3.5.3.3) für den Vergleichszweck als vernachlässigbar betrachtet wird.

**Anmerkung 1:** Der richtige Wert ist ein Näherungswert für den wahren Wert. Er kann z. B. aus internationalen, nationalen oder Gebrauchsnormalen, von Referenzmaterialien oder Referenzverfahren (z. B. auf der Grundlage speziell organisierter Versuche wie Ringversuche) gewonnen werden.

**Anmerkung 2:** Es gibt mehrere Benennungen, die synonym zu „Richtiger Wert" benutzt werden, z. B. *„Sollwert"* (Verwechslung mit (1.9.5.2)), *„Zielwert"*. Diese Benennungen sind mißverständlich und daher zu vermeiden.

**3.5.4 Meßunsicherheit** (uncertainty of measurement)
Schätzbetrag (siehe 2.4.3.1) zur Kennzeichnung eines Wertebereichs, innerhalb dessen der Bezugswert der Meßgröße mit einer vorgegebenen Wahrscheinlichkeit liegt, wobei der Bezugswert je nach Festlegung oder Vereinbarung der wahre Wert (3.5.3.3) oder der Erwartungswert (2.4.4) sein kann.

**Anmerkung 1:** Die Meßunsicherheit ist ein Maß für die Genauigkeit (3.5) des Meßergebnisses. Bezogen auf das berichtigte Meßergebnis ist sie ein einseitig liegender Schätzbetrag (siehe auch Anmerkung 4).

**Anmerkung 2:** Die Meßunsicherheit enthält prinzipiell zwei Komponenten: Die Komponente der unbekannten systematischen Meßabweichungen als Maß für die Richtigkeit (3.5.1) des berichtigten Meßergebnisses, und die Komponente der zufälligen Meßabweichungen als Maß für die Präzision (3.5.2) des Meßergebnisses.

**Anmerkung 3:** Für den Fall, daß nichts anderes vorgegeben oder vereinbart ist, sind als „vorgesehene Wahrscheinlichkeit" 95 Prozent festgelegt.

**Anmerkung 4:** Ist u die Meßunsicherheit und $x_E$ das berichtigte Meßergebnis, so ist die Untergrenze des Wertbereiches $x_E - u$ und die Obergrenze $x_E + u$. Der Wertebereich hat demnach eine Weite von $2 \cdot u$.

**Anmerkung 5:** Meistens, aber nicht immer, haben die Abstände der Untergrenze und der Obergrenze des Wertebereichs vom berichtigten Meßergebnis $x_E$ den gleichen Betrag. Dann liegt der in Anmerkung 4 genannte Wertebereich symmetrisch zu $x_E$. Andernfalls unterscheidet sich die obere von der unteren Meßunsicherheit.

**Anmerkung 6:** Wenn sich untere und obere Meßunsicherheit unterscheiden, gilt der größere Betrag als Meßunsicherheit.

**3.5.4.1 Untere Meßunsicherheit** (lower uncertainty of measurement)
Schätzbetrag (siehe 2.4.3.1) zur Kennzeichnung eines Wertebereichs unterhalb des berichtigten Meßergebnisses, innerhalb dessen der Bezugswert der Meßgröße mit einer vorgegebenen Wahrscheinlichkeit liegt, sofern er nicht über dem berichtigten Meßergebnis liegt.

**Anmerkung:** Bezugswert ist je nach Festlegung oder Vereinbarung der wahre Wert (3.5.3.3) oder der Erwartungswert (2.4.4).

**3.5.4.2 Obere Meßunsicherheit** (upper uncertainty of measurement)
Schätzbetrag (siehe 2.4.3.1) zur Kennzeichnung eines Wertebereichs oberhalb des berichtigten Meßergebnisses, innerhalb dessen der Bezugswert der Meßgröße mit einer vorgegebenen Wahrscheinlichkeit liegt, sofern er nicht unter dem berichtigten Meßergebnis liegt.

**Anmerkung:** Bezugswert ist je nach Festlegung oder Vereinbarung der wahre Wert (3.5.3.3) oder der Erwartungswert (2.4.4).

**3.5.5 Normal** (measurement standard)
Maßverkörperung, Meßgerät oder Meßeinrichtung mit dem Zweck, eine (Maß-)Einheit zu bestimmen, zu verkörpern, zu bewahren oder zu reproduzieren, um diese durch Vergleich an andere Meßgeräte weiterzugeben.

**Anmerkung 1:** Statt der (Maß-)Einheit kommen auch ein Größenwert oder mehrere Größenwerte in Betracht.

**Anmerkung 2:** Normale werden vorwiegend zum Kalibrieren (3.5.7.2), Justieren (3.5.7.1) und Eichen (3.5.7) benötigt.

**Anmerkung 3:** Beispiele sind ein Parallelendmaß, ein Widerstandsnormal.

### 3.5.5.1 Normalverfahren

Verfahren zur Darstellung der (Maß-)Einheit einer physikalischen Größe ohne Maßverkörperung.

**Anmerkung 1:** Normalverfahren beruhen auf den Merkmalen eines Gegenstandes oder auf der Nutzung physikalischer Konstanten.

**Anmerkung 2:** Normalverfahren werden zum Kalibrieren (3.5.7.2), Justieren (3.5.7.1) und Eichen (3.5.7) von Prüfgeräten benötigt.

**Anmerkung 3:** Vielfach gebräuchlich ist die Benutzung eines *„Normal-Meßobjekts"* für ein Merkmal oder für mehrere Merkmale und ihre Werte. Es dient zur kurzfristig-periodischen Feststellung, ob ein diese Werte feststellendes Prüfmittel unverändert das gleiche Ergebnis liefert.

### 3.5.5.2 Nationales Normal (national standard)

Normal, das in einem Land durch einen offiziellen nationalen Beschluß als Basis zur Festlegung des Wertes aller anderen Normale der betreffenden Größe anerkannt ist.

**Anmerkung 1:** Nationale Normale sind beispielsweise die Normale der Physikalisch-Technischen Bundesanstalt.

**Anmerkung 2:** Ein nationales Normal ist oft zugleich *Primärnormal*, also ein Normal, das „auf einem speziellen Gebiet die höchsten metrologischen Forderungen erfüllt".

### 3.5.5.3 Bezugsnormal (reference standard)

Normal, im allgemeinen von der höchsten an einem betrachteten Ort verfügbaren Genauigkeit (3.5)

**Anmerkung 1:** Am betrachteten Ort vorgenommene Messungen werden von diesem Normal abgeleitet.

**Anmerkung 2:** Die Genauigkeit des Bezugsnormals liegt zwischen der des nationalen Normals und der des Gebrauchsnormals. Je nach Aufgabenstellung gibt es zwischen dem nationalen Normal und dem Gebrauchsnormal eine oder mehrere Stufen von Bezugsnormalen.

### 3.5.5.4 Gebrauchsnormal (working standard)

Normal, das im allgemeinen mit einem Bezugsnormal kalibriert ist und routinemäßig benutzt wird, um Maßverkörperungen oder Meßgeräte zu kalibrieren oder zu prüfen.

### 3.5.6 Eichen

Qualitätsprüfung (1.5.6.10) eines Prüfmittels in bezug auf die Forderungen der Eichvorschrift, und bei Erfüllung dieser Forderungen dessen diesbezügliche Kennzeichnung.

**Anmerkung 1:** Die Eichvorschrift (siehe Vorschrift (1.4.3)) fordert, daß nirgends im Meßbereich die Beträge von Meßabweichungen größer sind als die Fehlergrenze(n).

**Anmerkung 2:** Vor dem Eichen ist ggf. ein Justieren (3.5.6.1) erforderlich.

### 3.5.6.1 Justieren (adjustment)

Minimieren der systematischen Meßabweichungen (3.5.3.1) durch Veränderung des Prüfmittels.

**Anmerkung 1:** Ziel des Justierens ist die Beseitigung von systematischen Meßabweichungen, deren Betrag größer ist als die Fehlergrenze(n), wobei *Fehlergrenzen* vorgegebene oder vereinbarte Höchstbeträge für Meßabweichungen sind.

**Anmerkung 2:** Justieren setzt in der Regel ein Kalibrieren (3.5.6.2) voraus.

### 3.5.6.2 Kalibrieren (calibration)

Feststellen der systematischen Meßabweichungen (3.5.3.1) ohne Veränderung des Prüfmittels.

**Anmerkung 1:** Wesentliches Ziel des Kalibrierens ist die Schätzung von systematischen Meßabweichungen und gegebenenfalls deren Dokumentation.

**Anmerkung 2:** Eine Kalibrierung kann auch andere metrologische Eigenschaften bestimmen.

**Anmerkung 3:** Ziel des Kalibrierens kann auch die Zuordnung von Werten der Meßgröße zu Teilstrichen auf beliebigen Skalen sein.

**Anmerkung 4:** Vielfach wird das Ergebnis einer Kalibrierung als Kalibrierfaktor angegeben, oder als eine Folge von Kalibrierfaktoren in Form einer *Kalibrierkurve*. Diese sollte nicht *„Eichkurve"* genannt werden.

**Anmerkung 5:** Die Dokumentation des Ergebnisses einer Kalibrierung heißt *„Kalibrierschein"* oder „Kalibrierbericht".

## 3.6 Beherrschter Prozeß (process in control)

Prozeß, bei dem sich die Parameter (2.4) der Verteilung der Merkmalswerte (1.9.4) des Prozesses praktisch nicht oder nur in bekannter Weise oder in bekannten Grenzen ändern.

**Anmerkung 1:** Dieser Begriff kennzeichnet stochastische Kenngrößen (2.4.3) eines Prozesses, nicht etwa seine Qualitätsfähigkeit (1.5.7). Oft ist ein beherrschter Prozeß zwar eine wichtige Voraussetzung für die Erfüllung der Qualitätsforderung (1.4) an sein Ergebnis, aber es gibt auch Fälle, in denen er keine hinreichende Voraussetzung ist, oder in denen er als Voraussetzung nicht erforderlich ist.

**Anmerkung 2:** Sind die Ursachen für die Änderungen der Parameter auch nur teilweise unbekannt oder nicht korrigierbar, liegt ein *„Nicht beherrschter Prozeß"* vor.

### 3.6.1 Beherrschte Fertigung

Fertigung, bei der die Prozesse beherrscht sind.

**3.6.2 Prozeßpräzision** (process capability)
Präzision (3.5.2) der Merkmalswerte (1.9.4) eines festgelegten Prozesses.

**Anmerkung 1:** Die vorgegebenen Bedingungen liegen in der Regel zwischen den Wiederholbedingungen (siehe 3.5.2.1) und den Vergleichbedingungen (siehe 3.5.2.2), weil auch nicht zufällige Abweichungen der Merkmalswerte zu berücksichtigen sind, beispielsweise Trends.

**Anmerkung 2:** Als Maß für die Prozeßpräzision wird im allgemeinen die Stichproben-Standardabweichung (2.4.7.4) des betrachteten Prozeßmerkmals angewendet.

**Anmerkung 3:** Wird eine Prozeßtoleranz (3.6.3) festgelegt, sollte sie nicht kleiner als ein festgelegtes Vielfaches der Stichproben-Standardabweichung des Prozeßmerkmals sein. Bei der Festlegung dieses Vielfachen ist der Unterschied zwischen dem Einstellwert und dem Mittenwert des Toleranzbereichs (1.9.5.13) zu beachten (vgl. auch DIN 7182 Teil 1: *Einstellmaß).*

**3.6.2.1 Fertigungspräzision**
Prozeßpräzision eines Fertigungsprozesses.

**3.6.3 Prozeßtoleranz** (process tolerance)
Toleranz (1.9.5.12) für das Merkmal eines Prozesses.

**Anmerkung 1:** Es ist zu beachten, daß die Toleranz für das Merkmal eines Prozesses in der Regel nicht mit der Toleranz für das Ergebnis des betrachteten Prozesses übereinstimmt. Beispielsweise ist die Toleranz für den Galvanisierungsstrom, der ein wesentliches Merkmal des Galvanisierungsprozesses ist, verschieden von der Toleranz für die Schichtdicke der mit diesem Prozeß aufgebrachten Metallschicht.

**Anmerkung 2:** Es kann empfehlenswert sein, zur Unterstützung der Qualitätslenkung (1.5.6.6) des Prozesses auch für Prozeßmerkmale Qualitätsregelkarten (3.4.1) zu führen.

**Anmerkung 3:** Die Benennung *„Fertigungstoleranz"* wird bisher sowohl für die Toleranz eines Fertigungsprozesses als auch für das Ergebnis eines Fertigungsprozesses benutzt. Deshalb sollte man diesen Begriff vermeiden oder fallweise klären, ob das eine oder das andere gemeint ist.

**3.7 Qualitätsfähiger Prozeß**
Eignung eines festgelegten Prozesses zur Realisierung einer Einheit (1.1), die Qualitätsforderung (1.4) an diese Einheit zu erfüllen.

**Anmerkung 1:** Diese Eignung ist zu unterscheiden von der Eignung desselben Prozesses, die Qualitätsforderung an den Prozeß zu erfüllen.

**Anmerkung 2:** Siehe Anmerkung 1 zu beherrschter Prozeß (3.6).

**3.7.1 Qualitätsfähige Fertigung**
Fertigung, in der die beteiligten Prozesse qualitätsfähige Prozesse (3.7) sind.

**3.7.2 Qualitätsnachweis**
Bescheinigung über das Ergebnis einer Qualitätsprüfung (1.5.6.10), das gegenüber dem Abnehmer oder Auftraggeber als Nachweis über die Qualität (1.5) einer Einheit (1.1) dient.

**Anmerkung 1:** Beispiele für Qualitätsnachweise sind Qualitätsprüf-Zertifikate nach DIN 55350 Teil 18 sowie Zeugnisse und Protokolle nach DIN 50049.

**Anmerkung 2:** Qualitätsnachweise können sich auch auf Einheiten wie „Tätigkeit einer Person" oder „Ablauf eines Prozesses" beziehen.

**Anmerkung 3:** Nachweise über technische Berechnungen können Bestandteil eines Qualitätsnachweises sein.

### 3.7.3 Rückverfolgbarkeit (traceability)

Möglichkeit des Nachweises von Werdegang, Verwendung und Ort einer Einheit (1.1) oder gleicher Einheiten anhand identifizierender Aufzeichnungen.

**Anmerkung 1:** Rückverfolgbarkeit kann sich beziehen auf die

- Produktauslieferung;
- Kalibrierung von Prüfmitteln;
- Qualitätsdaten (1.5.8) von Produkten im Hinblick auf die Phasen des Qualitätskreises (1.5.4).

**Anmerkung 2:** Rückverfolgbarkeitsforderungen sollten für einen festgelegten Ablaufzeitraum oder von einem festgelegten Ursprung ab vorgegeben werden.

**Anmerkung 3:** In der Meßtechnik ist die Rückverfolgbarkeit definiert als „Eigenschaft eines Meßergebnisses, durch eine ununterbrochene Kette von Vergleichsmessungen auf geeignete Normale (3.5.5) bezogen zu sein".

### 3.8 Fertigungsgenauigkeit

Qualitative Bezeichnung für das Ausmaß der Annäherung von Fertigungsergebnissen an die Qualitätsforderungen (1.4), welche an die Einheiten (1.1) gestellt sind, die mit der betrachteten Fertigung realisiert werden.

### 3.8.1 Fertigungsunsicherheit

Schätzbetrag (siehe 2.4.3.1) zur Kennzeichnung des Wertebereichs der Abweichungen (1.9.4.1) bezüglich des betrachteten Merkmals (1.9) von einem Bezugswert, innerhalb dessen auf einer betrachteten Fertigungseinrichtung bei einem festgelegten Betriebszustand ein Produkt gefertigt werden kann.

**Anmerkung 1:** Die Fertigungsunsicherheit schließt sowohl die durch die Fertigungseinrichtung als auch die nicht durch die Fertigungseinrichtung verursachten Abweichungen ein.

**Anmerkung 2:** Als Bezugswert kann der Sollwert (1.9.5.2) oder der Nennwert (1.9.5.1) des betrachteten Merkmals dienen. Im Zweifel ist er festzulegen.

**Anmerkung 3:** Die Fertigungsunsicherheit ist ein Maß für die möglichen Abweichungen, die mit einer vorgegebenen Wahrscheinlichkeit erwartet werden können, wobei dieses Maß bei einer symmetrischen Verteilung der Hälfte des Wertebereichs entspricht.

**Anmerkung 4:** Wenn nichts anderes vorgegeben oder vereinbart ist, sind als „vorgegebene Wahrscheinlichkeit" 99,73 Prozent festgelegt. Im Falle einer (angenäherten) Normalverteilung der Abweichungen ist deshalb die Fertigungsunsicherheit gleich der dreifachen, der gesamte Unsicherheitsbereich gleich der sechsfachen Standardabweichung. Es ist zu beachten, daß bei der Meßunsicherheit (3.5.4) die entsprechende Festlegung 95 Prozent ist, was etwa der zweifachen bzw. der vierfachen Standardabweichung entspricht.

**Anmerkung 5:** Es ist empfehlenswert, zur Erfassung gelegentlich vorkommender unterschiedlicher Beträge der oberen und der unteren Fertigungsunsicherheit zu verfahren wie bei der oberen und der unteren Meßunsicherheit (3.5.4.2 und 3.5.4.1).

**Anmerkung 6:** Es wird dringend davon abgeraten, diesen Schätzbetrag „Fertigungsgenauigkeit" zu nennen.

### 3.8.2 Arbeitsgenauigkeit

Durch die Fertigungseinrichtung bedingte Fertigungsgenauigkeit (3.8).

#### 3.8.2.1 Arbeitsunsicherheit

Durch die Fertigungseinrichtung bedingte Fertigungsunsicherheit (3.8.1).

**Anmerkung 1:** Die Arbeitsunsicherheit enthält zwei Komponenten: Die Komponente der systematischen Fertigungsunsicherheit als Maß für die Richtigkeit (3.5.1) des Fertigungsprozesses, und die Komponente der zufälligen Fertigungsunsicherheit als Maß für seine Präzision (3.5.2).

**Anmerkung 2:** Die systematischen Abweichungen und die zufälligen Abweichungen sind stets gemeinsam in einem Meßwert enthalten und deshalb in den meisten Fällen nicht gesondert bestimmbar.

**Anmerkung 3:** Es wird dringend davon abgeraten,die Arbeitsunsicherheit „Arbeitsgenauigkeit" zu nennen.

**Anmerkung 4:** Anmerkungen 4 und 6 zu Fertigungsunsicherheit (3.8.1) gelten sinngemäß.

#### 3.8.2.2 Arbeitsstreubreite

Durch zufällige Abweichungen verursachte Arbeitsunsicherheit (3.8.2.1).

**Anmerkung 1:** Die Arbeitsstreubreite ist ein *Maß für die Unsicherheit*, mit welcher beim betrachteten Produktmerkmal bei der Herstellung aufeinanderfolgender gleichartiger Stücke gerechnet werden muß.

**Anmerkung 2:** Im Falle einer (angenäherten) Normalverteilung der Merkmalswerte ist die Arbeitsstreubreite das Dreifache, der gesamte Streubereich das Sechsfache der Standardabweichung der Zufallsstreuung der an den gefertigten Produkten festgestellten Istwerte.

**Anmerkung 3:** Anmerkung 4 zu Arbeitsunsicherheit (3.8.2.1) gilt sinngemäß.

#### 3.8.2.3 Positionsstreubreite

Durch das Einstellen einer im Arbeitsbereich einer Maschinenachse beliebig vorgewählten Position auftretende Arbeitsstreubreite (3.8.2.2) ohne Berücksichtigung der Umkehrspanne.

**Anmerkung 1:** Die Positionsstreubreite ist demnach ein Element der Arbeitsstreubreite, also ebenfalls ein *Maß für die Unsicherheit*.

**Anmerkung 2:** Die Positionsstreubreite gibt die Wiederholpräzision der Einstellung einer Maschinenachse auf eine beliebig vorgewählte Position an.

**Anmerkung 3:** In der Positionsstreubreite nicht enthalten sind
- die durch Maschinenbelastungen während der Bearbeitung eines Werkstücks entstehenden Abweichungen sowie
- die Schwankungen, welche durch nicht in der Maschine selbst liegende Einflüsse verursacht sind (z.B. durch Temperaturänderung).

**Anmerkung 4:** Anmerkung 4 zu Arbeitsunsicherheit (3.8.2.1) gilt sinngemäß.

**Anmerkung 5:** Im Falle einer (angenäherten) Normalverteilung der Merkmalswerte ist die Positionsstreubreite das Dreifache, der gesamte Streubereich das Sechsfache der Standardabweichung der Zufallsstreuung der festgestellten Istwerte, die sich beim Einstellen der vorgewählten Position in einer der beiden möglichen Anfahrrichtungen ergeben.

**Anmerkung 6:** Die *Umkehrspanne* ist hier die Differenz der arithmetischen Mittelwerte aus den Istwerten der Abweichungen bei den beiden Anfahrrichtungen. Diese Umkehrspanne ist durch systematische Abweichungen bestimmt.

### 3.9 Muster

Materielle Einheit (1.1), die einer Qualitätsprüfung (1.5.6.10) aus besonderem Anlaß unterzogen oder im Rahmen einer Qualitätsprüfung benötigt wird.

**Anmerkung 1:** Die Art der Qualitätsprüfung aus besonderem Anlaß oder die Forderungen, die an das Muster gestellt werden, bestimmen im einzelnen die Art des Musters.

**Anmerkung 2:** Es soll vermieden werden, andere Benennungen wie *„Qualitätsmuster“*, *„Prüfmuster“*, *„Spezialmuster“* als Synonyme zu „Muster“ zu verwenden.

### 3.9.1 Entwicklungsmuster

Muster zur Prüfung des Entwicklungsstandes der Einheit.

**Anmerkung 1:** Es besteht die Möglichkeit, für festgelegte Entwicklungsstufen spezielle Entwicklungsmuster zu definieren.

**Anmerkung 2:** Auch *„Entwurfsmuster“*, *„Prototyp“*.

### 3.9.2 Angebotsmuster

Muster zur Veranschaulichung und zur Beurteilung eines Angebots.

### 3.9.3 Versuchsmuster

Muster für Funktionsversuche und Zuverlässigkeitsprüfungen.

**Anmerkung:** Die Funktionsprüfung kann sich auf das Produkt selbst und/oder auf die Einrichtung zur Realisierung des Produkts beziehen.

### 3.9.4 Vormuster

Muster, das noch nicht mit den für die spätere Serienfertigung vorgesehenen Einrichtungen und Verfahren und/oder noch nicht unter den Randbedingungen dieser späteren Serienfertigung gefertigt ist.

### 3.9.5 Zwischenmuster

Muster, das teilweise mit den für die Serienfertigung vorgesehenen Einrichtungen und Verfahren und/oder teilweise unter den Randbedingungen der Serienfertigung gefertigt ist.

**Anmerkung:** Verschiedentlich wird das Zwischenmuster „Spezialmuster" genannt, beispielsweise in der Automobilindustrie. Siehe hierzu jedoch Anmerkung 2 zu Muster (3.9).

### 3.9.6 Erstmuster

Muster, das ausschließlich mit den für die Serienfertigung vorgesehenen Einrichtungen und Verfahren unter den zugehörigen Randbedingungen gefertigt ist.

**Anmerkung 1:** Mit dem Erstmuster soll der Nachweis geführt werden, daß die Qualitätsforderung (1.4) an das Produkt erfüllt werden kann, wenn die für die Serienfertigung vorgesehenen Einrichtungen und Verfahren unter den zugehörigen Randbedingungen angewendet werden.

**Anmerkung 2:** Auch *„Ausfallmuster", „Baumuster", „Fertigungsmuster", „Typmuster"*.

### 3.9.7 Wiederholmuster

Muster, das während der Serienfertigung gefertigt ist und gegebenenfalls in jeweils festgelegtem Abstand zum vorangegangenen Muster entnommen wird.

**Anmerkung:** Mit dem Wiederholmuster soll der Nachweis geführt werden, daß die Qualitätsforderung (14) an das Produkt während der Serienfertigung erfüllt wird.

### 3.9.8 Änderungsmuster

Muster nach einer Änderung der Fertigungseinrichtungen, der Fertigungsverfahren oder der Fertigungs-Randbedingungen.

**Anmerkung 1:** Mit dem Änderungsmuster soll der Nachweis geführt werden, daß die Qualitätsforderung (1.4) an das Produkt auch nach einer Änderung der Fertigungseinrichtungen, der Fertigungsverfahren oder der Fertigungs-Randbedingungen erfüllt wird.

**Anmerkung 2:** Das Änderungsmuster kann zugleich Erstmuster (3.9.6) sein.

**Anmerkung 3:** Ein Muster für ein nicht austauschbares Produkt ist kein Änderungsmuster.

### 3.9.9 Einbaumuster

Muster für Einbauversuche.

### 3.9.10 Belegmuster

Muster zur Ermöglichung einer späteren Feststellung von Merkmalswerten (1.9.4).

**Anmerkung:** Auch *„Referenzmuster", „Rückstellprobe"*.

### 3.9.11 Sollmuster

Muster, das den Sollwert (1.9.5.2) eines Qualitätsmerkmals (1.9.3) verkörpert.

**Anmerkung:** Beispielsweise können für das Qualitätsmerkmal „Farbe" Sollmuster angewendet werden.

### 3.9.12 Grenzmuster

Muster, das den Grenzwert (1.9.5.4) eines Qualitätsmerkmals (1.9.3) verkörpert.

**Anmerkung:** Beispielsweise werden die für das Qualitätsmerkmal „Oberflächenrauheit“ in DIN 4769 Teil 1 bis Teil 3 genormten Oberflächenvergleichsmuster überwiegend als Grenzmuster angewendet.

# 4 Anhang

## 4.1 Hinweise zur Entstehung und Bedeutung dieser DGQ-Schrift

### Vorgeschichte

Als die dritte Auflage dieser Schrift im Jahr 1979 erschien, gab es eine einzige verabschiedete Grundnorm der Qualitätssicherung: Vornorm DIN 55350 Teil 12 mit 18 Begriffen. Heute existieren innerhalb mehrerer Normenreihen (siehe Literatur) zum Thema dieser Schrift weit mehr als 400 genormte Begriffe. Auch die internationale Begriffsnormung des ISO TC 69 und des ISO TC 176 (gegründet im Erscheinungsjahr der 3. Auflage) haben inzwischen Begriffsnormen vorgelegt. Zur Qualitätssicherung existieren dort allerdings nur 22 Grundbegriffe (ISO 8402–1986).

### Bedeutung der Vorgeschichte

Diese Situation bewirkt auch folgendes: Bei den Anwendern von Begriffen dieser Schrift konnten die Auffassungsänderungen der in den Normungsgremien zusammenarbeitenden Fachleute naturgemäß nicht bemerkt werden. Diese Fachleute kamen aus vielen unterschiedlichen Branchen. Sie hatten das Ziel, Begriffssysteme vorzulegen (siehe DIN 2330), die überall in der Qualitätssicherung anwendbar und in sich geschlossen sind. Das macht Abstraktionen nötig, wie sie in einem einzelnen Unternehmen nicht nötig sind. Außerdem war bei dieser Arbeit die Aufgabe zu bewältigen, Lücken einer fehlenden wissenschaftlichen Vorarbeit zu füllen, wie sie bei der Qualitätssicherung wegen der Situation der öffentlichen Ausbildung mehr als anderswo vorhanden sind.

### Angleichungspflicht dieser Schrift an Normungsergebnisse

Die DGQ wäre schlecht beraten, würde sie verabschiedete Normungsergebnisse nicht übernehmen. Davon kann es nur mit guten Begründungen Ausnahmen geben. Das hat wiederum zur Folge, daß Unternehmen die genormten Begriffe gelegentlich zur Anwendung für ihre speziellen Bedürfnisse spezialisieren müssen. Damit darf aber keine Änderung der Begriffsinhalte verbunden sein.

### Gemeinsprache und genormte Begriffe

Viele Benennungen dieser Schrift stammen aus der Gemeinsprache. Das bedeutet in der Regel, daß sie dort einen größeren Begriffsumfang haben, oft auch zusätzlich mehrere Begriffsinhalte. Wenn ein Anwender dies bemerkt, sollte er folgendes beachten: Begriffsnormung schränkt nicht die Vielfalt der Gemeinsprache ein. Wo diese Vielfalt für die tägliche Arbeit nötig ist, kann sie benutzt werden. Man muß sich dabei aber der Gefahren bewußt sein: Mehrdeutigkeiten und zusätzliche Mißverständnismöglichkeiten. Das sei mit einem Beispiel erläutert. Es betrifft den Begriff Nr. 3.2.4.5 Lieferantenrisiko. Dieser Begriff ist nach der logischen Gliederung der einzelnen Begriffssysteme mittels Numerierung ein Unterbegriff zum Begriff Nr. 3.2.4 Operationscharakteristik. Auch aus der Definition geht hervor, daß das Lieferantenrisiko ein Punkt auf der Operationscharakteristik ist. Wird dies vom Anwender nicht beachtet, könnte er angesichts der komplizierten Problematik der Vertragsbeziehung zwischen Lieferer und Abnehmer zur Auffassung kommen, dieser Begriff sei viel zu sehr eingeengt. Eine gute Lösung ist z.B. die Verwendung anderer Benennungen (z.B. „Produzentenrisiko"). Niemals sollte deshalb der genormte Begriff in Frage gestellt werden. Damit würde kein Vorteil gewonnen. Vielmehr bedarf es einer fallbezogen geordneten Ergänzung.

## 4.2 Vergleich mit DIN-Normen

### Allgemeines

Seit der 3. Auflage 1979 dieser DGQ-Schrift sind erfreulicherweise zahlreiche DIN-Normen zum Thema Qualitätssicherung und angewandte Statistik erschienen. Sie sind alle in der Literatur aufgeführt, wobei erstrangig die Normen der Normenreihe DIN 55350 sowie DIN 55303 zu nennen sind. Teilweise war die 3. Auflage dieser Schrift ein nützliches Hilfsmittel zur Erstellung solcher Normen im DIN/DGQ-Gemeinschaftsausschuß (AQS), z.B. für DIN 55350 Teil 31.

Die vorliegende 4. Auflage konnte in sehr starker Anlehnung an die mittlerweile genormten Begriffe gestaltet werden, während die 3. Auflage nur Diskussionen in den Normungsgremien über diese Begriffe einbezogen hatte.

### Inhaltliche Abweichungen bei Definitionen

Nur bei einem einzigen Begriff dieser 4. Auflage ist eine inhaltlich von der genormten Definition abweichende Definition festgelegt worden: Nr. 1.9 Merkmal. Auch dies ist nur deshalb geschehen, weil abzusehen ist, daß sich auch in der nationalen und internationalen Normung eine Änderung zu einem Begriff umfassenderen Inhalts anbahnt: Nicht nur Eigenschaften, die das Unterscheiden von Einheiten einer Grundgesamtheit ermöglichen, werden danach zum Begriffsinhalt des Merkmals gezählt werden, sondern auch Eigenschaften, die das Erkennen von Einheiten ermöglichen, auch von einzelnen Einheiten, zu denen es keine Grundgesamtheit gibt. Diese erwartbare Entwicklung ist von der DGQ u.a. deshalb vorweggenommen worden, weil damit indirekt auch der Beschaffenheitsbegriff so umfassend wird, wie man ihn in der Qualitätssicherung benötigt.

Bei 1.9 Merkmal ist schließlich auch das für eine solche Definitionsabweichung beschlossene Darstellungsprinzip zu erkennen:

> In **einer Anmerkung 1** zur Definition wird der ungekürzte Wortlaut der DIN-Definition wie folgt wiedergegeben:
> „Die DIN-Definition 198.. lautet: „..........“.“
>
> Die Jahreszahl weist auf das Erscheinungsjahr der betreffenden Norm hin. Wenn für den Zusammenhang nötig, werden auch Anmerkungen aus DIN zitiert. Zur Vermeidung einer Aufblähung dieser Anmerkung wird nicht jedesmal die gesamte DIN-Norm oder der DIN-Normentwurf mit seiner Nummer und dem jeweiligen Titel zitiert. Damit soll erreicht werden, daß der Unterschied gegenüber DIN als solcher in möglichst knapper Form dargestellt wird, wozu man die Fundstellen für den Vergleich nicht benötigt.

In **einer Anmerkung 2** folgt die DGQ-Begründung für die Abweichung.

Von der Anmerkung 3 ab folgen dann die Anmerkungen zur Definition selbst.

### Redaktionelle und für zweckmäßig gehaltene Abweichungen bei Definitionen ohne Inhaltsabweichung

Nicht jede Abweichung ist in der oben geschilderten Weise kommentiert. Z.B. werden als redaktionelle Abweichung solche verstanden, bei denen lediglich eine Verdeutlichung des Begriffsinhalts für den Leser aus der Praxis bewirkt wird. Ein Beispiel ist 2.8.5 Statistischer Test. Dort ist in der DGQ-Definition die wahre Wahrscheinlichkeitsverteilung zusätzlich als die „unbekannte" bezeichnet. Ein mathematischer Statistiker weiß das natürlich.

Von den oben beschriebenen Anmerkungen 1 und 2 wurde daher außer bei Nr. 1.9 Merkmal nur bei zwei weiteren Begriffen Gebrauch gemacht: Nr. 1.4 Qualitätsforderung und Nr. 1.5 Qualität. Hier handelt es sich zwar nicht um eine inhaltliche Abweichung der DGQ-Definition von der genormten, aber doch um eine Abweichung, die vom Leser ohne die Anmerkungen 1 und 2 nicht ohne weiteres verstanden würde. Zusätzlich zu den jeweiligen Anmerkungen 2 sei hier noch folgendes erläutert:

> Die beiden Änderungen muß man im Zusammenhang sehen. Einerseits bestand bei der Normung die Vorstellung, die deutsche Definition für Qualität bezüglich der Qualitätsforderung so nahe wie möglich an die englische Definition aus ISO 8402–1986 anzugleichen; andererseits gab es aber außer diesem Angleichungswunsch kein Sachargument dafür. Dieser Angleichungswunsch ist auch unter dem Gesichtspunkt zu sehen, daß es bei ISO 8402 für Qualitätsforderung ebensowenig eine Definition gibt wie für Einheit und Beschaffenheit. Die Änderungen wurden daher nach Feststellung folgender Sachverhalte vorgenommen:
>
> 1 Man wendet mit dem Einsetzen von „Qualitätsforderung" in die Qualitätsdefinition das gleiche Substitutionsprinzip an wie bei „Einheit" und „Beschaffenheit". Man vereinfacht dadurch die Definition.
>
> 2 Die „Erfordernisse" in der DIN-Definition für Qualität machen nicht klar, daß sie sich auf die Beschaffenheit beziehen. Erst auf dem Umweg über die Anmerkung 1 zur DIN-Definition für Qualitätsforderung könnte man darauf kommen. Deshalb dient Satz 1 der Anmerkung 1 zu Qualitätsforderung aus DIN 55350 Teil 11 als DGQ-Definition für die Qualitätsforderung.
>
> 3 Man vermeidet damit eine Fehlentwicklung analog „Produkt oder Tätigkeit", wie sie jetzt durch das Einsetzen von „Einheit" in die genormte Qualitätsdefinition vermieden wird. Die bereits zu beobachtende analoge Fehlentwicklung infolge der jetzigen DIN-Definition ist in Anmerkung 2 zur DGQ-Definition von Qualitätsforderung näher behandelt.
>
> 4 Die Benennung „Qualitätsforderung" war Bestandteil zahlreicher Definitionen schon der Vornorm gewesen. In der neuen Grundnorm ist sie in acht Definitionen enthalten. Überall dort meint sie dasselbe wie in den DGQ-Definitionen für Qualität und für Qualitätsforderung. Beispielweise stellt Qualitätsprüfung fest, „inwieweit eine Einheit die Qualitätsforderung erfüllt". Selbstverständlich bezieht sich diese Feststellung auf die Qualität der Einheit, also auf die betrachtete Konkretisierungsstufe der Qualitätsforderung an diese Einheit.

5 Für einen Anwender der DIN-Norm ist folgendes schwer verständlich: Die Qualitätsforderung wird in einem ersten Schritt über die Anmerkung 1 zu Qualität anhand der dort aufgeführten „festgelegten und vorausgesetzten Erfordernisse" gedanklich in die Qualitätsdefinition einbezogen. Dadurch verschwindet aber die eigentliche, von der DGQ benutzte Definition für Qualitätsforderung in der Norm hinter „damit" in Anmerkung 1 zu Qualitätsforderung.

6 In einigen Definitionen der ISO 8402–1986 steht für „Qualitätsforderung" der englische Ausdruck „requirements for quality". In anderen Definitionen kommen fünf weitere Ausdrücke vor. Die DGQ-Definition für Qualitätsforderung, die nicht von der DIN-Definition in der Anmerkung 1 zu diesem Begriff abweicht (siehe Punkt 5), kann Vorschlag im ISO-TC-176 werden, wo eine Definition für die Qualitätsforderung noch fehlt.

7 Das Glossary Committe der EOQC hat im Juni 1987 erstmals eine Definition zu „quality requirement" beschlossen. Sie wird in der nächsten Auflage des EOQC-Glossary enthalten sein und entspricht etwa der DIN-Definition in Anmerkung 1 zu „Qualitätsforderung".

Ganz entsprechend war DIN übrigens bei der Beschaffenheit vorgegangen: Die vorausgehende DIN-Vornorm von 1980 hatte wegen „totality of features and characteristics" in der englischen Definition von der „Gesamtheit der Eigenschaften und Merkmale" gesprochen. Ständige Diskussionen über den Unterschied zwischen Eigenschaften und Merkmalen und ihre gegenseitige hierarchische Zuordnung belasteten das Verständnis der Qualitätsdefinition. Auch hier wurde die Lösung getroffen, die Beschaffenheit als eigenständigen Begriff zu klären. Seine Benennung wurde dann in die Qualitätsdefinition aufgenommen. Dadurch wird diese kürzer und leichter verständlich.

## Abweichungen bei Anmerkungen

Anmerkungen zu Begriffen gehören bei DIN nicht zum genormten Begriffsinhalt. Deshalb sind Abweichungen in den Anmerkungen zwischen DIN und DGQ in der vorliegenden 4. Auflage der DGQ-Schrift – wie auch seinerzeit in der 3. Auflage – nicht kommentiert. Sie entstehen aus verschiedenen Ursachen. Dabei spielt die 3. Auflage dieser Schrift eine Rolle. Von ihr wurden zahlreiche bewährte Anmerkungen unverändert übernommen. Nicht weniger wichtig erschien aber auch die Erfahrung der DGQ mit der Anwendung der 3. Auflage. Ein Beispiel möge dies erläutern. Es bezieht sich auf die letzte Anmerkung zu 1.10.6 Stichprobe:

> Bei den international genormten Stichprobenverfahren anhand qualitativer Merkmale (ISO 2859/1) und anhand quantitativer Merkmale (ISO 3951) kommt eine Stichprobe, die aus nur einer einzigen Auswahleinheit besteht, nicht vor. In DIN 55 350 Teil 14 wird jedoch – vermutlich aus historischen Gründen – nicht unterschieden zwischen einer einzelnen „Probe" und einer aus mindestens zwei Auswahleinheiten bestehenden „Stichprobe" entsprechend der praktischen Anwendung in der internationalen und deutschen Normung. Damit wurden zwei gleichrangige Synonyme festgelegt, nämlich „Probe, Stichprobe".
>
> Die Grundnorm DIN 2330 mit dem Titel „Begriffe und Benennungen; Allgemeine Grundsätze" (Fassung März 1979) legt aber in ihrem Abschnitt 7.2.3 fest, daß „beim Vorliegen mehrerer synonymer... Benennungen eine als Vorzugsbenennung ausge-

wählt werden“ soll. Das ist in DIN 55350 Teil 14 zum obigen Begriff indessen nicht geschehen.

Die DGQ-Anmerkung 3 zu „Stichprobe“ ermöglicht nun ohne Wiederspruch zu DIN 55350 Teil 14 eine Spezialisierung der Begriffe für einen überschaubaren Bereich: „Probe“ kann demnach unabhängig von Stichprobenverfahren für eine einzelne Probe und „Stichprobe“ ausschließlich im Zusammenhang mit Stichprobenverfahren angewendet werden.

Die meisten Abweichungen bei Anmerkungen betreffen Gesichtspunkte zur praktischen Anwendung der Begriffe in der Qualitätssicherung. So sind die Anmerkungen 3 und 7 zu Qualitätsforderung sowie 3 und 5 zu Qualität Ergänzungen, die bei den genormten Begriffen nicht vorkommen. Sie schneiden Probleme an, die erfahrungsgemäß besonders bedeutungsvoll sind.

# 5 Literatur

## 5.1 Grundnormen für die Fachsprachenarbeit

DIN 2330: Begriffe und Benennungen; Allgemeine Grundsätze
DIN 2331: Begriffssysteme und ihre Darstellung
DIN 2332: Internationale Angleichung von Fachbegriffen und ihren Benennungen

## 5.2 Grundnormen zur Qualitätssicherung und Statistik

### 5.2.1 Qualitätssicherung: DIN 55350

Teil 11 Grundbegriffe der Qualitätssicherung
Teil 12 Merkmalsbezogene Begriffe (z.Z. Entwurf)
Teil 13 Begriffe der Genauigkeit von Ermittlungsverfahren und Ermittlungsergebnissen
Teil 14 Begriffe der Probenahme
Teil 15 Begriffe zu Mustern
Teil 16 Begriffe zu Qualitätssicherungssystemen (z.Z. Entwurf)
Teil 17 Begriffe der Qualitätsprüfungsarten
Teil 18 Begriffe zu Bescheinigungen über die Ergebnisse von Qualitätsprüfungen; Qualitätsprüf-Zertifikate

### 5.2.2 Qualitätssicherungssysteme („QS-Systeme") DIN ISO

9004 Qualitätsmanagement und Elemente eines QS-Systems; Leitfaden
9000 Leitfaden zur Auswahl und Anwendung der Normen zu Qualitätsmanagement, Elementen eines QS-Systems und zu QS-Nachweisstufen
9001 QS-Systeme; QS-Nachweisstufe für Entwicklung und Konstruktion, Produktion, Montage und Kundendienst
9002 QS-Systeme; QS-Nachweisstufe für Produktion und Montage
9003 QS-Systeme; QS-Nachweisstufe für Endprüfungen

### 5.2.3 Grundbegriffe Statistik DIN 55350

Teil 21 Zufallsgrößen und Wahrscheinlichkeitsverteilungen
Teil 22 Spezielle Wahrscheinlichkeitsverteilungen
Teil 23 Beschreibende Statistik
Teil 24 Schließende Statistik
Teil 31 Begriffe der Annahmestichprobenprüfung

### 5.2.4 Statistische Auswertung von Daten DIN 55303

Teil 2 Schätz- und Testverfahren für Erwartungswerte und Varianzen
Beiblatt 1 zum Teil 2 Operationscharakteristiken von Tests für Erwartungswerte und Varianzen
Teil 5 Bestimmung eines statistischen Anteilsbereichs

## 5.3 Grundbegriffe der Meßtechnik DIN 1319

Teil 1 Allgemeine Grundbegriffe
Teil 2 Begriffe für die Anwendung von Meßgeräten
Teil 3 Begriffe für die Unsicherheit beim Messen und für die Beurteilung von Meßgeräten
Teil 4 Behandlung von Unsicherheiten bei der Auswertung von Messungen

## 5.4 Grundbegriffe der Längenmeßtechnik DIN 7182

Teil 1 Maße, Abmaße, Toleranzen und Passungen; Grundbegriffe

## 5.5 ISO-Standards

ISO 8402 Quality – Vocabulary

ISO 2859 Sampling procedures for inspection by attributes
- Part 0: General introduction
- Part 1: Sampling plans indexed by acceptable quality level (AQL) for lot-by-lot inspection
- Part 2: Sampling plans indexed by limiting quality (LQ) for isolated lot inspection
- Part 3: Skip lot sampling plan

ISO 3951 Sampling procedures and charts for inspection by variables for percent defective

ISO 3534 Statistics – Vocabulary and symbols
- Part 1: Probability and general statistical terms
- Part 2: Statistical quality control
- Part 3: Design of experiments

ISO 5752 Precision of test methods – Determination of repeatability and reproducibility for a standard test method by inter-laboratory test

## 5.6 EOQC-Glossary

Glossary of terms used in the management of quality, 5th ed. 1981

# 6 Alphabetisches Sachwortverzeichnis zum Begriffsteil

Die Nummern beim Sachwort geben Nummern im Begriffsteil an.

Ein Sachwort **ohne eine Kennzeichnung** mit „+“ oder „*“ ist bei der (ohne Kennzeichnung genannten) Nummer als eigenständiger Begriff definiert und erläutert. Verschiedentlich stehen bei einem solchen Sachwort weitere Nummern mit den Kennzeichnungen „+“ oder „*“ für Begriffs-Erläuterungen und -Nennungen an anderer Stelle.

Ein Sachwort **mit der Kennzeichnung** „+“ weist auf die Fundstelle eines nicht eigenständig definierten Begriffs hin. Sind zu diesem Sachwort mehrere Fundstellen angegeben, findet sich die Kennzeichnung „+“ auch an der Nummer, wo der betreffende Begriff erklärt ist. Die anderen Nummern behandeln nur Nennungen des Begriffs. An der Fundstelle ist das Sachwort kursiv gedruckt.

Ein Sachwort **mit der Kennzeichnung** „*“ weist auf die Fundstelle des Sachworts als Benennung hin, die dort in speziellem Zusammenhang auftaucht, oder die als bisheriges Synonym, als empfehlenswert, als nicht empfehlenswert oder als unrichtig behandelt wird. An der Fundstelle ist das Sachwort kursiv gedruckt.

Gesamtherstellung: Druckhaus Darmstadt GmbH